식
탐

길 내는 여자 서명숙 먹으멍 세상을 떠돌다
식탐

초판 1쇄 발행 2012년 9월 3일
초판 4쇄 발행 2013년 12월 24일

지은이·서명숙
발행인·표완수
편집인·문정우

펴낸곳·㈜참언론 시사IN북
출판신고·2009년 4월 15일 제 300-2009-40호
주소·100-858 서울시 중구 중림로 27 가톨릭출판사빌딩 신관 3층
주문전화·02-3700-3256, 02-3700-3250(마케팅팀), 02-3700-3255(편집부)
주문팩스·02-3700-3209
전자우편·book@sisain.kr
블로그·book.sisain.co.kr

- 시사IN북은 시사주간지 〈시사IN〉에서 만든 출판 브랜드입니다.
- 이 책은 저작권법에 따라 보호받는 저작물이므로 무단 전재와 무단 복제를 금지하며,
  이 책 내용의 전부 또는 일부를 이용하려면 반드시 저작권자와 시사IN북의 서면동의를 받아야 합니다.
- 잘못된 책은 바꾸어 드립니다.
- 책값은 뒤표지에 있습니다.

ISBN 978-89-94973-10-4 03810

일러두기
이 책은 음식에 얽힌 추억과 정감 어린 사람들의 이야기로, 글의 분위기와 상황에 맞게 토박이말과 사투리 표현, 비표준어, 지난 시절 일상생활 중에 사용된 일본어 등을 그대로 살려서 표기하였습니다.

길 내는 여자 서명숙
먹으멍 세상을 떠돌다

식탐

서문

식탐, 내게는 삶을 향한 열정이었다

　　내 인생의 화두는 세 가지였다. 글, 길, 그리고 맛. 그중에서도 가장 오래되고 끈질긴 열망은 맛난 음식을 먹고 만드는 것이었다. 먹는 일에 치사하고도 집요하게 매달렸다. '가버린 끼니는 다시 돌아오지 않는다'는 좌우명 아래. 오죽하면 여중 시절 담임선생님이 '게걸병은 나라님도 구제하지 못한다'고 면박을 주었겠는가. 초치기 마감에 시달리던 언론사 기자 시절에도 끼니만큼은 대충 때우는 법이 없는 나였다.

그러다 보니 음식에 관련된 책도 찾아 읽게 되었다. 대부분 남자들은 남이 해준 음식을 먹은 사연과 정보들을 담은 음식 에세이를, 여자들은 남에게 해먹이는 음식의 레시피를 담은 요리책을 펴낸다는 사실을 알게 되었다.

나는 대한민국 여성치고는 남이 해주는 음식을 많이 얻어먹으면서 세상을 떠돌았고, 남자들보다는(물론 대한민국 여성 평균에는 못 미치지만) 많이 음식을 만들어보았다. 나만의 음식 이야기를 써봐야지, 오랫동안 꿈을 꾸기만 했다.

2012년 겨울 기운이 채 가시지 않은 춘삼월부터 원고를 쓰기 시작했다. 한번 시작된 글은 나를 붙들고 놓아주지 않았다. 오래된 기억이 꼬리에 꼬리를 물고 나타났다. 살아 계실 때는 물론이고 돌아가신 뒤에는 더더욱 희미해진 아버지의 존재감이 빈대떡과 구수한 평양냉면 메밀 냄새에 실려서 또렷하게 되살아났다.

아버지의 뒤를 이어 소풍날 자리젓을 싸갖고 와 소나무 그늘 뒤에 숨어서 먹던 초등학교 동창 남자애, 스물아홉 아까운 나이에 갑자기 세상을 떠난 내 친구 은숙이, 성동구치소에서 내게 라면을 건넸던 앳된 얼굴의 소년수, 병든 아들 며느리와 어린 손주들을 두고 떠난 보목리 쉰다리 할망, 숱한 사람들이 음식과 더불어 추억의 장을 밀어젖히고 나타났다.

 2006년 오랜 도시 생활과 고달픈 직장 생활에 지친 육신과 병든 마음을 이끌고 스페인 산티아고 길 800킬로미터를 걸으면서, 30여 년 만에 귀향해 고향 제주에 '사람이 사람답게 걸을 수 있는' 제주올레길을 내면서 길은 치유이자 화해이자 사랑이라고 믿었다.

 이번 책을 쓰다 보니 음식 또한 그러했다. 타향에서 먹은 고향 음식 몸국 한 그릇이 삭정이처럼 피폐해진 내 몸과 마음을 일으켜 세우기도, 길에서 외국 여자와 함께 나눈 한 끼 식사가 내 인생의 길을 바꾸어놓기도 했다.

 한때는 남보다 많이 먹는 걸 훈장처럼 여겼고, 한때는 내가 가진 식탐을 부끄러워했다. 그러나 이제는 나의 식탐을 자연스러운 욕망, 아름다운 욕망으로 받아들인다. 아름다운 예술과 빼어난 풍광에 매료되듯, 맛난 음식에 끌리는 건 지극히 자연스러운 일이다. 진정한 식탐은 눈알이 튀어나올 만큼 비싸고 진귀한 음식을 찾아다니거나, 주체하지 못할 정도의 식욕을 의미하지 않는다. 제 땅에서 나고 자란 제철에 나온 재료를, 적절한 방식으로 요리해서, 마음이 맞는 이들과 더불어, 최대한 천천히 즐기는 행위다.

 맛집 정보를 원하거나 특별한 음식 레시피를 원하는 독자들은 이

책을 읽고 난 뒤 실망할 것이다. 이 책은 그저 먹는 행위를 무척 소중하게 생각하는, 맛난 음식이라면 사족을 못 쓰는 한 중년 여자의 먹을거리에 얽힌 추억과 사람들에 관한 이야기일 뿐이다. 부디 저자의 수다에 공감하면서 먹을거리에 얽힌 자신의 추억과 소중한 사람들을 떠올리고 싶은 독자들만 이 책을 읽어주었으면 한다.

최남단 올레길 가파도에 아주 작은 식당을 내고 싶은 꿈

이 책이 나오기까지 수많은 이들의 도움을 받았다. 어린 딸의 식탐을 존중해주었던 돌아가신 아버지, 일은 거들지 않으면서 음식만 밝히는 동생을 못마땅해하면서도 날마다 맛난 걸 해주었던 애순 언니, 음식을 함께 나누면서 서로 어깨를 내어준 서울의 '십자매'와 서귀포의 '십자매'들, 스무 해 넘게 맛난 밥을 먹게 해준 광화문통 식당 아주머니들과 요즘 들어 싱싱한 먹을거리를 제공해주는 제주의 해녀 할망들에게 머리 숙여 감사드린다. 주머니는 빈약하고 입만 높은 내게 오랫동안 '대가성 없는 법인카드' 노릇을 해준 내 친구 송경자, 윤정희, 서영선에게도 무한한 감사를 전하고 싶다.

무엇보다도 이 책의 삽화를 그려준 화가 한중옥 님에게 무어라 감사드려야 할지 모르겠다. 초등학교 동창생으로 어린 시절 서귀포의 푸르른 날들과 풍경을 공유했던 그는 교사 생활을 때려치우고 서귀포의 한 허름한 아틀리에에서 크레파스로 제주의 자연과 사람들을 담아내는 작업을 오랫동안 고집스럽게 해오고 있는 전업화가다. 그의 크레파스화로 책을 빛내고 싶다는 초등학교 동창의 간청을 그는 선선히 들어주었다. 덕분에 나의 다소 엉뚱하고 유치하고 가벼운 글에 격조가 부여되었으니 참으로 고마운 일이다.

원고를 다 넘기고 나서 홀가분한 마음으로 초여름의 가파도를 찾았다. 가파도는 제주 본섬에서도 15분이나 배를 타고 가야 하는 최남단 올레길(국토 최남단 마라도에는 올레 코스가 없다). 우리나라에서는 울돌목 다음으로 파도가 센 곳이어서 이름마저 가파도加波島다.

파도가 세면 인근 해역에서 나는 해산물 맛이 유난히 좋은 법이다. 파도에 단련되어 근육이 탄탄해지고 육질이 쫀쫀해지기 때문이다. 게다가 가파도 인근에는 해저에 대륙붕이 발달해 있어서 먹이사슬도 풍부하다. 가파도산 전복, 성게, 미역, 보말을 제주에서도 최고로 치는 이유다.

가파도에서 바라보는 제주섬의 풍광이 너무나도 황홀하고, 가파도 해산물이 참으로 맛있어서 여러 번 드나들다 보니, 또 다른 꿈이 생겼다. 언젠가 이 섬에 정착해서 마라도가 멀리 보이는 바닷가 작은 집에 '테이블 하나'짜리 레스토랑을 해볼까, 하는. 바다를 좋아하니 원없이 바다도 쳐다보고, 해산물이 워낙 좋으니 음식 솜씨가 별로여도 맛을 낼 수 있을 것 같고, 가끔씩 그 핑계로 지인들을 만날 수도 있을 것 같아서. 그때 이 책의 독자들을 만날 수 있다면 좋겠다.

제주도 서귀포에서

차례

• 서문 식탐, 내게는 삶을 향한 열정이었다 • 4

- 1부 -
매일시장통의
식탐공주

아버지의 단골 식재료, 두부 • 14
실향민의 소울푸드, 냉면 • 19
집안 경계를 넘어선 식탐 본능 • 25
내 혀를 사로잡은 새로운 맛, 맛, 맛 • 32
낯설지만 매력 만점 파스타와 불난 호떡집 • 38
신문사에서 야학으로, 다시 교도소로 • 44
석방 통보, 끝내 먹지 못한 라면 한 봉지 • 51

- 2부 -
지친 영혼을
달래다

먹는 즐거움으로, 먹은 힘으로 버틴 나날 • 60
자리젓, 혐오식품에서 천하일미로! • 69
몸국, 잠시 고단한 삶을 내려놓다 • 75
보신탕, 그 굴곡진 역사 • 81
먹는 취향도 제각각, 정치판의 탐식 앞에 서다 • 89
'빨리 많이'에서 '천천히 적게'로 • 96
맵고 짠맛에서 소박하고 담담한 맛으로 • 104

- 3부 -
세상은 넓고
먹을 건 많더라

산티아고 길, 두려움과 설렘 가득한 첫걸음 • 112
코리아의 수키, 사람의 길을 생각하다 • 117
땅끝 마을에서 혼자, 무료한 재미에 빠져들다 • 126
세계를 감탄시킨 다금바리 명인 • 132
안나푸르나에서도 한국 음식이라니 • 142
하노이의 거리에서 토박이처럼 • 148
묘족의 요리와 술이 네 여자를 홀리다 • 154

- 4부 -
우정의 길에서

훔쳐보기와 보디랭귀지로 맛본 뜻밖의 음식 • 162
삿포로 '먹보 올레'와 오키나와의 슬픈 역사 • 170
세심한 배려와 독창성이 어우러진 규슈의 음식들 • 180
스위스에서 내 고향 제주를 보다 • 189

- 5부 -
다시
서귀포에서

고사리로 시작되는 제주의 봄 • 202
올레꾼의 음료, 제주 할망들의 '쉰다리' • 213
서귀포 네 여자 이야기 • 223
게, 천상의 맛을 갑옷으로 숨기고 • 244
재래시장은 내 미각의 원천, 맛의 보물창고 • 256
치유의 음식, 힐링푸드 • 262

- 1부 -

매일시장통의 식탐공주

아버지의
단골 식재료,
두부

서울 생활을 청산하려고 오래된 살림을 정리하다가, 빛바랜 사진 한 장을 발견했다. 어정쩡한, 다소 어리둥절한 표정의 어린 여자애가 한가운데 서 있고, 주변엔 여러 여자들이 뒷모습만 보인 채 무언가를 다듬고 있다. 이 여자애, 왠지 낯익다. 찬찬히 들여다보니, 아하, 그 시절 그 풍경이 극사실화처럼 머릿속에 그려진다. 눈이 시리도록 아린 파 내음…….

사진 한 장이 시간과 공간을 건너뛰어 나를 1960년대 초반 서귀포 매일시장으로 데려갔다. 바닷가와 들판에서 실려온 이런저런 먹을거리와 소소한 흥정과 치열한 자리다툼, 그러다가 저녁 무렵엔 늘 술에 취해 비틀거리는 주정꾼의 고성이 오갔던 그곳으로.

어린 날의 내 시각과 후각과 촉각을 붙잡은 건 늘 먹을거리였다. 아줌마들의 '다라이'에서 풍기는 비릿한 생선 내음, 앞집 정육점에 내걸린 시뻘건 돼지 뒷다리, 친구네 고춧가루집 앞을 지날 때 절로 터져 나오던 재채기, 엄마가 한 봉지씩 소포장으로 팔기 위해 돌절구에 찧어 대던 고소한 깻가루 향, 시장 아줌마들이 심심풀이 삼아 구워 먹던 미역귀의 파르스름한 색깔…….

그중에서도 두부는 내가 가장 좋아한 음식이었다. 거의 매일 아침 엄마는 내게 냄비를 들려서 우리 집 골목 입구의 두부공장으로 심부름 보냈다. 그곳 두부집은 날마다 콩을 갈고, 간수를 넣고 휘휘 휘저어서 뭉글뭉글한 액체를 만들고, 그 액체를 틀에 붓고, 무거운 나무를 얹어 물기를 빼어, 마침내 한 틀의 두부를 만들어냈다.

뜨거운 김이 무럭무럭 나는 두부를 주인 할머니는 칼로 반듯하게 썰어서 내게 건네곤 했다. 눈이 어두워서인지 어떤 때는 남의 금을 넘어가거나 우리 금에 못 미치기도 했다. 적을 때는 뭐라 말하고 싶은 아쉬움이, 많을 때는 날아갈 듯 기분이 좋아서 발걸음이 가벼웠다. 어느 날 두부를 사들고 돌아오다가 돌부리에 걸려 넘어지고 말았다. 그 연한 몸이 땅바닥에 나뒹굴면서 산산이 흩어지고 말았을 때의 좌절감이란…….

그 집의 두부는 늘 고소하고 담백했다. 가게 일로 늘 바쁜 엄마는 찌개를 끓이거나 부치는 번거로운 과정을 생략한 채, 따끈따끈한 두부를 손바닥에 올려놓고 칼질만 가로세로로 두세 번 한 뒤 달랑 간장 양념장 하나만 갖춰서 밥상에 올려놓았다. 아버지는 이북 출신답게 채식보다 육식을 즐겼지만, 두부만큼은 예외였다. 하기야 두부는 '밭에서 나는 쇠고기'라고 했으니, 아버지 입장에서는 고기나 다름없는 단백질 공급원이었으리라.

아버지의 두부 사랑은 각별했다. 한밤중 속이 출출해서 김치찌개를 끓일 때도, 고향의 맛을 잊지 못해 만두를 빚을 때도 늘 먹다 남은 두부를 넣곤 했다. 어떤 순간에 투하해서 어느 만큼 끓이느냐에 따라 두부의 식감은 달라지게 마련인데, 희한하게도 똑같은 두부를 넣었는데도 아버지의 두부찌개는 늘 탁월하게 맛있었다.

그런 아버지의 영향 때문일까. 지금도 상한 두부를 내다버리는 순간이 가장 가슴 아프다. 냉장고에 오랫동안 처박혀 있다가 상해버린 음식 재료나 반찬을 버릴 때마다 죄책감이 들기는 하지만, 유독 두부

우리 집 골목 입구의 두부집은 날마다 콩을 갈고
뜨거운 김이 무럭무럭 나는 고소한 두부를 만들어냈다.
어린 날 두부는 내가 가장 좋아하는 음식이자 아버지의 단골 식재료였다.

에 대해서만큼은 더하다.

　울 아버지라면 이리 되기 전에 뭐라도 만들어 수많은 콩들의 오랜 시간과 사람들의 정성을 헛되게 하진 않았을 텐데, 싶어서. 어느 나라를 가든 그 나라 음식에 즉각 적응해서 별로 고국 음식 앓이를 않는 편이지만, 외국에 오래 머물다 보면 가장 그리운 식재료 중 하나가 두부다. 서양에서는 두부가 왜 그리 귀한지, 어쩌다 대형 슈퍼마켓에서 맞닥뜨려 반가운 마음에 집어들고 보면 예외 없이 돌덩이처럼 딱딱한 중국식 '토부'다.

　아, 이건 두부에 대한 반란이고 모욕, 이라는 생각에 다시 내려놓는다. 내게 두부의 정체성이란 고소한 내음과 말랑말랑한 식감이다. 씹는 행위의 치열함을 요구하지 않는, 조리 과정의 수고로움도 생략해도 되는, 그러면서도 그 자체로 먹을거리로서의 완성도를 뽐내는, 존재만으로도 기쁨과 경이로움을 선사하는 말랑말랑한 어린아이의 엉덩이 같은……

실향민의 소울푸드, 냉면

아버지는 새파란 청년 시절 인민군으로 차출되어 남한에 내려왔고, 낙동강 전투에서 낙오해 거제도 수용소에 수용되었다가, 북쪽으로 돌아가는 대신 남한을 선택한 분이다. 북한에서도 최북단인 함경북도 무산 출신이 어쩌다가 대한민국에서도 최남단인 제주도 여자를 만나서 서귀포에 정착했다. 언어, 풍습, 문화 등 모든 것이 다른 '이민족'끼리의 결합이나 다름없었다. 어머니가 춥다고 벌벌 떠는 날씨가 아버지에겐 적당한 기온이었고, 어머니가 살 만한 따뜻한 봄날이 돌아오면 아버지는 벌써 더워하는 기색이 역력했다.

아버지가 가장 즐기는 외식 메뉴는 냉면이었다. 그 무렵 서귀포읍에는 '육지 음식'인 냉면집이 두 군데밖에 없었는데, 다 아버지처럼 이북 출신들이 운영하는 식당이었다. 육지에서 거래처 사람들이 찾아와 가끔씩 아버지에게 식사 대접을 했는데, 그때마다 아버지가 예외 없이 택하는 음식이 냉면이었다. 심지어 점심, 저녁 모두 냉면을 택한 적도 있었다. 돈을 주고 사먹을 가치가 있는 음식은 오직 냉면뿐인 것처럼.

냉면을 먹던 아버지의 표정을 지금도 기억한다. 식사 전에는 살짝 긴장되고 설레는, 식사 중에는 아무 말 없이 엄숙한 의식을 치르듯 냉면 흡입에만 열중하는, 식사가 끝난 뒤에 살짝 만족스럽게 입꼬리를 올리던. 그런 아버지의 표정은 일상에서는 전혀 볼 수 없는, 뜻밖의 것이었다. 평소 아버지는 항상 말없이 묵묵히 주어진 일만 하는 근면 성실한 '서명숙 상회의 일꾼'이었다.

가장으로서 권위를 제대로 행사한 적도, 남에게 자기주장을 강하게 내세우는 일도, 크게 소리 내어 웃어본 적도 없었다. 그런 양반이 냉면에 관해서만큼은 단호한 자기주장과 엄청난 몰입과 굉장한 만족감을 보일 때마다, 난 낯설고 의아했다. 대체 냉면이 뭐길래.

나라의 허리가 잘린 것도 분통하거늘

　서울로 올라와 직장 생활을 하면서 비로소 아버지 같은 실향민이 한둘이 아님을 알게 되었다. 냉면이야말로 실향민들의 '소울푸드'였다. 어린 시절 즐겨 먹던 고향의 맛, 정신적 허기마저 충족되는 영혼의 음식이 소울푸드 아닌가. 더군다나 그 고향이 살아생전 다시 못 가볼지도 모르는 땅이고 부모 형제와 이웃의 생사마저 알 길이 없다면, 소울푸드를 향한 간절함과 애절함이 오죽하겠는가.

　직장 상사들 중에 냉면을 좋아하는 이들이 더러 있어 대한민국의 내로라하는 냉면집을 두루 섭렵하면서, 그곳에서 수많은 나의 아버지들을 목격했다. 혼자 와서 외로운 얼굴로 냉면 한 그릇을 잡숫는 노인도 있고, 대낮부터 수육과 소주잔을 앞에 두고서 떠들썩하게 고향 이야기를 나누는 노인들도 있었다.

　한번은 뚝뚝 부러지는 함경도나 평안도 억양으로 노인 분들이 나누는 이야기를 듣다가 너무 웃겨서 냉면 면발을 뱉을 뻔했다. 세상에, 그들이 냉면집에서 목청 높여 격론을 벌이는 주제인즉 "이 집보다 ××냉면집이 맛있다", "아니다. ××냉면집은 육수 맛이 옛날 맛이 아니다"라는 게 아닌가.

　주위 사람들에게 그날 목격한 장면을 이야기했더니, 명가 논쟁은 아무것도 아니란다. 식초를 면에 치는가 국물에 치는가, 계란 노른자를 먼저 먹는가 나중에 먹는가, 평양냉면이 최곤가 함흥냉면이 최곤가 등등. 그중에서도 압권은 음악평론가이자 미식가(미식가로 쓰고 대식가로 읽는다. ^^)임을 자처하는 강헌 씨가 들려준 이야기였다.

"서울에 갓 상경한 부산 촌놈이 냉면 맛과 법도를 어찌 알았겠어. 유명하다는 을지면옥을 물어물어 찾아가서 물냉면을 시켰는데 종업원이 잘라드릴까요 하길래 그러라고 했지. 그런데 갑자기 어디선가 쨍그랑 소리가 요란한 거야. 돌아보니 한 노인이 그야말로 수염을 부르르 떨면서 여종업원에게 호통을 치는 거야. '나라의 허리가 잘린 것도 분통하거늘 면마저 자른단 말이냐'라면서. 식당에 있는 사람들이 모두 죄인이 된 심경이었지. 그 다음부턴 절대로 안 잘라 먹는다니까."

'분단'에 얽힌 실향민의 정서를 굳이 들추지 않더라도, 메밀이 주원료인 평양냉면에 다짜고짜 가위를 들이미는 건 식당 측의 과잉 친절이다. 메밀은 끈기가 없고 뚝뚝 끊기는 성질이 있어서, 사람의 이만으로 얼마든지 끊을 수 있다. 게다가 가위의 쇠 성분은 메밀의 구수하고 담백한 맛에 영향을 미칠 수도 있다. 그런데도 피크 타임대에 바쁜 종업원들은 빨리 서빙하고 다른 자리로 이동하려고 가위를 들이대기 일쑤다.(제발, 가위를 식탁에 놓고 가시면 안 될까요? 후덜덜)

냉면은 물냉면이지, 비빔냉면은 비빔국수야

언론인 리영희 선생도 둘째가라면 서러워할 냉면 애호가였다. 선생은 한평생 고난과 시련을 자청했고 탐구와 저술로 일관했지만 술과 음식을 즐기고 문화와 예술을 사랑한 낭만파이기도 했다. 처가인 제주도에 평화로운 도보여행길이 생겼으니 참으로 잘된 일이라고 즐거워하시면서, 불편한 노구를 이끌고 몇 차례나 제주올레를 걸으면서 "놀멍 쉬멍 걸으멍도 좋지만 먹으멍 마시멍은 없나"라고 농담을 건네곤 했다.

치열한 투사였던 과거와 달리 말년엔 너그러운 면모를 보였지만 냉면 문제에 관한 한 추호의 물러섬도 없었다. 어느 날 우문인 줄 알면서도 '냉면 마니아'인 선생께 물었다.

"물냉면과 비빔냉면 중 어느 쪽을 좋아하세요?"

"비빔냉면? 그런 것도 있소? 냉면은 물냉면뿐이야. 비빔냉면은 냉면이 아니야. 비빔국수라고 해야지."

동치미든 고기든 해물이든, 찬 육수에 말아내는 것만이 냉면이라는 것이 평북 삭주 출신 리영희 선생의 믿음이었다.

북한과의 교류가 활발하던 시기에 평양을 다녀온 남쪽 사람들 사이엔 또 다른 이야깃거리가 생겨났다. 옥류관 냉면이 기대한 것만큼 맛이 없고 지나치게 슴슴하더라는 의견과, 남쪽에서 변형된 냉면 맛에 길들여져서 그렇지 옥류관이야말로 냉면 본연의 맛이라는 반론이 그것이다. 언젠가 옥류관 냉면을 맛보고 싶다. 그걸 먹다 보면 울 아버지 얼굴, 실향민 할아버지의 노기 띤 한마디가 떠올라 울컥 눈물을 쏟아낼지 모르지만.

집안 경계를
넘어선
식탐 본능

내가 '식탐공주'가 된 데에는 가정환경 탓이 컸다. 비록 아이들이 선망하는 과자가게는 아니었지만, 우리 가게 자체가 먹을거리 천국이었다. '서명숙 상회'는 서민들의 식재료인 콩나물부터 고급 요정에 납품하는 나라즈케(울외장아찌)와 우메보시(매실장아찌)까지 다양한 식재료를 취급하고 있었다. 당시 대유행하던 짜장면을 만드는 춘장과 아직은 낯선 음식인 카레가루도 팔았기에, 일주일에 한 번쯤은 집에서 짜장면과 카레를 먹는 행운을 누렸다. 음식에 관한 한 대도시에 뒤

지지 않는 '얼리 어댑터'였던 셈이다.

식탐을 조장한 건 우리 집 식탁의 '완전 평등'이었다. 남녀의 차별도, 노소의 차별도 없었다. 조부모와 함께 살거나 친척들이 득시글대는 다른 전통가족에 비해 아버지가 실향민이었던 우리 집은 단출한 핵가족 여섯 명. 식구 수대로 모든 음식이 공평하게 배분되었다. '닭 잡아먹는 날'이면 닭집에서 의아해하며 묻곤 했다. "맹숙이네 집은 식구도 적은데 왜 닭을 두 마리씩이나 사가냐"면서. 어머니는 확신에 찬 어조로 대답했다. "보약이나 병원 약값보다는 덜 든다"고. 실제로 우리 집 식구 누구도 아파서 병원 출입을 한 기억이 없다. 아버지가 술 때문에 가끔씩 사고를 내서 병원에 입원하거나 수술한 걸 제외하면.

어릴 적에 가끔 배가 살살 아프다고 호소하면 어머니는 약을 사먹이는 게 아니라 계란을 두어 개 휘휘 저어서 고소한 참기름에 달달 볶아주었다. 달걀프라이도 그리 자주 먹을 수 없는 시절에(중학교 진학해서야 도시락에 가끔 얹어주었으니) 온전한 달걀 두 개를 식용유도 아닌 비싼 참기름에 볶은 '현영자표 배탈약'은 신기한 약효를 발휘하곤 했다. 종종 거짓말로 배가 아프다면서 '약'을 얻어먹곤 했다. 가끔은 어머니가 의심스러운 눈빛을 던졌지만, 달걀볶음의 고소함은 그 긴장을 보상하고도 남았다.

아버지는 남녀평등을 넘어서서 오히려 딸에게 특혜를 베풀었다. 밤늦게 술을 엉망으로 마시고 돌아와서도 아버지는 야식을 만들곤 했는데, 주로 김치볶음밥이었다. 한밤중 고소한 냄새에 눈을 떠보면 요리 중인 아버지의 뒷모습이 보였다. 두 살 터울인 동생과 내가 프라이팬에 눈독을 들였지만 아버지는 매정하게 잘랐다.

"니네 먹을 것까진 안 했다."

그렇게 말해놓고도 가끔 내게는 김치볶음밥을 덜어주었다. 부러운 눈길로 쳐다보는 동생을 애써 외면하면서, 땀을 뻘뻘 흘려가며 먹던 '서송남표 김치볶음밥'은 맛이 기막혔다.

수제비 헐꺼, 칼국수 헐꺼?

내 식탐을 한껏 부추긴 건 언니였다. 가게 일을 하는 어머니 대신 부엌일을 전담하다시피 했던 언니는 고급 조리기구를 구입한 고객을 대상으로 한 '요리교실'에 열심히 다녔다. 언니가 요리교실에서 배워 처음 시도하는 음식의 시식자는 언제나 새로운 음식에 호기심이 많은 나였다. 내가 맛있다고 엄지손가락을 치켜들면 언니는 그 음식에 자신감을 갖고 어른들에게도 선보였고, 내가 고개를 가로저으면 애써 만든 음식을 죄다 내버리곤 했다.

먹는 것에 지나치게 집착하는 내게 언니는 가끔 심통을 부렸다. 언니가 밀가루 반죽을 열심히 치대기 시작하면 곁에 쪼그리고 앉아서 묻곤 했다.

"수제비 헐꺼(할 거야), 칼국수 헐꺼?"

내가 단연 좋아하는 건 뭉툭한 수제비가 아닌 날렵한 칼국수였다. 수제비가 수더분한 동네 아줌마 같다면, 칼국수는 세련된 아가씨 같다고나 할까. 언니는 맛난 것만 밝히는 내가 얄미워서 칼국수를 하려다가 수제비로 방향을 튼 적도 많았노라고 훗날에야 고백했다.

빈대떡을 지켜낸 '식탐의 여신'

식탐이 집안 경계를 넘어선 건 순전히 아버지 탓이었다. 아버지는 어머니가 질색을 하는데도 가끔 술자리에 나를 데리고 갔다. 어떤 날에는 어머니가 가게 문을 닫아야 할 시간인데도 집으로 돌아오지 않는 아버지를 모셔오라고 나를 단골 술집으로 정찰 보내기도 했다. 아버지가 혼자서, 때로는 같은 '함경도 아바이'들과 술을 마시는 동안 난 어른들의 음식(엄밀히 말하면 안주), 일상의 식탁에 오르지 않는 별식을 맛볼 수 있었다.

그중 나를 매료시킨 안주가 녹두빈대떡이었다. 내 초등학교 친구

선자의 어머니가 혼자서 꾸려나가는 소박한 선술집이었지만, 아버지 말에 따르면 '기막히게 이북식 녹두빈대떡을 잘 부치는 집'이었다. 노르푸르스름한 녹두를 맷돌에 갈아서 돼지비계 두어 점을 얹어 도톰하게 지져냈는데, 그 맛을 한 번 본 뒤로는 다른 부침개가 몽땅 시시하게 여겨졌다.

아버지가 단골 술집을 옮기면서 그 맛난 빈대떡을 먹을 기회가 사라지자 나는 직접 사먹기로 결심했다. 물론 어머니에게 사실대로 말하면 안 된다는 걸 본능적으로 깨달은 나는 붓글씨 쓸 먹이 다 닳았다, 환경미화 준비물을 산다, 갖가지 거짓말을 동원했다. 거짓말은 친구 엄마에게도 했다. 아버지가 집에서 사오라고 했다고. 언젠가 아버지가 술집에 들르는 날에는 들통 날 거짓말이지만, 고소한 빈대떡의 유혹은 두려움보다도 더 강력했다.

빈대떡을 서너 장 사들고 신문지에 둘둘 말아서 친구 명금이네 집(집에서 먹을 순 없는 일이어서 억울하게도 늘 친구와 나눠 먹어야 했다!)으로 향하던 어느 날 저녁, 그만 뚜껑이 열린 맨홀 구멍에 발이 빠지고 말았다. 그 순간 다치겠다는 생각보다 '빈대떡이 망가지겠다'는 걱정이 먼저 들었다. 구멍에 빠지는 것과 거의 동시에 빈대떡 봉지를 쥔 한 손을 번쩍 치켜들었다. 그림책에서 본 '자유의 여신'상처럼.

다행히 맨홀 밑바닥은 그리 깊지 않았다. 어찌어찌 용을 써 구명에서 빠져나와 친구네 집에서 전등불에 비춰보니 무릎이 다 까지고 허벅지와 종아리에 검푸른 피멍이 들어 있었다. 붉은 '아까징끼'를 바른 무릎은 한없이 쓰라렸지만, 빈대떡은 그날따라 유난히 맛있었다. 명금이는 눈물을 흘리면서도 먹기를 멈추지 않는 나의 '빈대떡 사랑'에 어처구니없어하는 눈치였다.

서울에 사는 동안 장안에 유명하다는 빈대떡집을 다 돌아다녀봤지만 선자 엄마네처럼 맛난 빈대떡을 만나지는 못했다. 녹두 맛이 예전만 못한 것일까, 맷돌 대신 믹서에 갈아서 식감이 달라진 것일까, 비계를 떼어내고 살코기 부위만 쓴 탓일까. 건강도 좋지만 녹두빈대떡은 반드시 비계 기름으로 프라이팬을 달구고 난 뒤에 비계가 낀 고기 두어 점을 넣어 지져내야 한다고 난 믿는다.

아버지의 김치볶음밥 레시피
- 식은 밥을 필요한 만큼 덜어둔다.
- 신김치를 쫑쫑 썰어 물기를 짜낸다.
- 프라이팬에 마가린을 한 스푼 덜어서 살살 녹인다.
- 마가린이 녹으면 김치를 투하해 맹렬하게 볶는다.

- 김치가 반쯤 볶아질 무렵 식은 밥 덩어리를 넣는다.

- 밥알이 으깨지지 않도록 살살 저어주면서 김치와 밥이 골고루 섞이도록 볶는다.

- 마지막 순간에 고추장과 토마토케첩을 한 스푼씩(밥의 양에 따라 조절) 넣는다.

- 프라이팬째로 이마에 땀을 흘리면서 먹는다.

내 혀를 사로잡은
- 새로운
- 맛, 맛, 맛

    어린 시절 나는 제주의 전통음식을 그닥 좋아하지 않았다. 퀴퀴한 냄새가 진동하는 자리젓, 생자리돔을 잘게 썰어서 된장과 오이를 넣고 주물럭거린 자리물회, 잔칫집에서 으레 나오는 느끼한 몸국은 내게는 기피음식이었다.(지금은 개심해서 예찬론자가 되었지만) 대신 제주섬에 새롭게 선보인 먹을거리들에 열광적으로 탐닉했다.

    맨 처음이 도넛이었던 것 같다. 초등학교 같은 반 친구 영숙이는 '도나쓰집' 딸이었다. 그 애의 머리카락은 늘 기름때로 반질거렸고 몸에서는 기름 냄새가 진동했다. 사내아이들은 냄새가 난다면서 그 애를 놀려댔고, 나는 그런 광경을 대책 없이 지켜보기만 했다. 그 애의 머리카락이 기름때에 절고 몸에서 냄새를 풍기는 건 방과 후에 부모님의 가게 일을 돕기 때문이라는 걸 뻔히 알면서도, 심지어 그곳의 단골손님이었는데도.

도넛은 그때까지 우리가 먹었던 슴슴한 절기떡이나 가래떡, 시루떡과는 완전히 다른 '별세계'의 맛이었다. 밀가루와 찹쌀을 섞어 반죽하고 여러 번 치대서 그 안에 팥소를 넣고, 어린아이가 들어갈 만큼 커다란 무쇠솥에 지글지글 튀겨서, 설탕가루에 살짝 묻혀내기까지, 영숙이 아버지와 어머니는 손발을 척척 맞추면서 작업을 수행했다. 공정이 다 끝난 도나쓰를 집게로 집어서 종이봉투에 넣어 손님에게 건네주고, 돈을 받는 것은 영숙이의 몫이었다.

친구가 일하는 가게에서 도나쓰를 사먹는 게 맘에 걸렸지만, 하굣길 그 가게에서 풍기는 달달한 도나쓰 냄새에 절로 발길이 멈췄다. 영숙이도 나도 서로를 모른 체하면서 '쿨하게' 도나쓰를 주고 받았다.

4학년 겨울방학 때 난 학급문집 편집장을 맡았다. 담임선생님은 반 아이들이 제출한 글 중에서 문집에 실을 몇 편을 추려내는 중대한 업무를 내게 일임했다. 숙제라서 마지못해 쓴 친구들의 글은 거지반

상투적이거나 무성의했다. 그런데 전혀 다른 차원의 글 한 꼭지가 눈길을 사로잡았다. 도나쓰 가게 일을 도우면서 느낀 점을 솔직하게 풀어낸 영숙이의 글은 펄펄 뛰는 생선처럼 싱싱했고, 어떤 작가의 글보다도 감동적이었다.

'영숙이의 글을 뽑으면 안 되겠다'고 직감했다. 어린 나이에도 '글짓기 대표선수'로서의 내 위상이 흔들릴지 모른다는 위기감을 느낀 것이다. 성적이 신통찮고 글짓기에도 두각을 나타낸 적 없는 영숙이의 글이 문집에 실리지 않은 것에 누구도 의문을 갖지 않았다. 그러나 제 발이 저린 나는 이후 영숙이네 가게를 피해 다른 골목으로 하교했다.

영숙이가 가정형편이 어려워져 학교를 중퇴했다는 이야기를 다른 친구로부터 전해들은 뒤 내 죄책감은 더 커졌다. 그때 영숙이의 글이 문집에 실리고, 어른들이 그 재능을 알게 되었다면, 혹 그 애의 인생이 달라지진 않았을까, 싶어서. 언제부턴가 나는 도넛을 전혀 입에 대지 않게 되었다.

'저축의 날'에 드러난 식탐공주의 행각

중학교에 진학하면서 내 식탐은 본격적으로 꽃을 피웠다. 한창 성장기여서 그랬는지, 규율 위주의 공립여중에 다니기가 너무 지겨워서였는지, 먹어도 먹어도 늘 배가 고팠다. 사춘기를 겪는 여자애는 외모에 대한 관심 때문에 거식증을 앓기도 한다는데, 나는 정반대 길을 걸었다.

당시 교내 매점에서는 '매점 국수'를 팔았다. 돌이켜보면 미원으로 맛을 낸 들큰한 국물에 미리 삶아놓은 통통 불은 면을 넣고 파만 달랑 얹어내는 전형적인 단체급식형 국수였다. 하지만 내게는 지리멸렬한 수업시간에 옆 친구와 눈치껏 수다를 떠는 것 외에는 아무것도 할 수 없는 무기력감, 정체를 알 수 없는 질풍노도의 분노, 더 넓은 도회지로 나가고 싶은 정신적 허기를 달래주는 '영혼의 국물'이었다.

처음엔 하루 한두 번씩 매점에 출입하다가 쉬는 시간마다 가서 후다닥 국수 한 그릇을 해치웠다. 중 2 때 담임선생님은 쉬는 시간에 여러 차례 나를 찾았지만 그때마다 매점에 갔다고 하자 그 이유를 아이들에게 캐물으면서 나의 식탐을 비로소 알게 되었다. 선생님은 종례시간에 반 아이들 앞에서 '게걸병은 나라님도 구제하지 못한다'면서 무안을 주었다. 그러나 공개적인 수모조차 내 열렬한 식탐을 막지는 못했다.

학교 매점은 하루치 위장 운동의 서막에 불과했다. 학교에서 집으로 돌아오는 길에는 분식점이 두 군데 있었다. 아이들에게 선풍적인 인기를 끈 라면과 야끼만두 등속을 파는 가게였다. 기름에 살짝 굴린 야끼만두는 명절에 먹는 국 속에 빠진 질척한 만두와는 다른 차원의 맛이었다. 라면에 송송 썬 가래떡을 넣고 휘휘 저은 계란물을 살짝 붓고 끓인 '떡라면'은 또 얼마나 맛있었던가. 분식점에 가기를 꺼려하는 '범생이'들이나 용돈이 넉넉지 않은 친구들을 몰고 가려면 내가 물주 노릇을 해야 했다.

이 집단 외식을 위해 난 끊임없이 어머니를 속여야 했다. 어머니는 딸이라는 이유로 상급학교에 진학하지 못했던 한 때문에 공부에 필요한 것이라면 투자를 아끼지 않았다. 새로 배우는 영어 단어는 어머니를 속이는 유용한 수단이었으니, 콘사이스는 기본이고 '골드 페이퍼' 따위 신조어까지 지어내면서 어머니의 전대를 공략했다.

그러나 날마다 학습 준비물을 핑계 댈 수는 없는 일. 수중에 돈이 떨어지면 같은 반 친구 은숙이에게 긴급 대출을 받곤 했다. 공부벌레 은숙이는 당시 저축부장을 맡고 있었는데, 저축부장은 급우들이 맡긴 저금을 그때그때 받아서 이름과 액수를 공책에 기입해두었다가 일주일에 한 번씩 '저축의 날'에 학교를 방문하는 우체국 직원에게 돈과 기록을 제출했다.

'저축의 날'이 돌아오기 전에 집에서 용돈을 타내 갚곤 했지만, 여

의치 않은 날이 계속되면서 대출금이 자꾸 불어났다. 왜 우리 반의 저축 실적이 이렇게 나날이 떨어지는지 의아해하는 우체국 직원과 통장을 보여달라는 아이들의 성화에 시달리던 은숙이는 선생님께 저간의 사정을 실토하고야 말았다. 마침내 '식탐공주'의 행각은 교무실에 널리 알려졌고, 나는 제어할 수 없는 '위장' 때문에 요주의 학생으로 찍히고 말았다.

    그 후 은숙이는 고향 제주에서 대학을 졸업하고 결혼을 하고 두 아이를 낳아 기르는 와중에도 육지를 오가면서 대학원과 박사과정을 밟은 끝에, 스물아홉 살이 되던 해에 박사학위 논문 심사를 통과하고 전문대학의 전임교수로 임용되는 겹경사를 맞이했다.

    그러나 박사학위 수여식과 첫 출근을 불과 한 달 앞두고 집안일을 도와줄 파출부 아주머니를 만나려고 차를 몰고 약속 장소로 가다가 시내버스를 정면으로 들이받는 대형 교통사고를 내고 현장에서 숨을 거두었다. 부지런한 은숙이는 너무 열심히 살다가 서둘러서 일찍 세상을 떠났고, 간세다리(게으름뱅이)인 나는 그녀보다 곱에 가깝게 더 살면서 아직도 맛난 음식이나 탐하고 있으니, 신은 참으로 불공정하다.

낯설지만 매력 만점
·
파스타와
·
불난 호떡집

    서귀포읍에서 나고 자란 나는 도청 소재지인 제주시의 고등학교에 진학하면서 더 넓은 미각의 세계로 진입했다. 그중에서도 내 혀를 가장 강렬하게 사로잡은 건 '스파게티'였다. 스파게티라는 새로운 음식은 이전에 맛본 음식과는 완연히 달랐다.
    여고 2학년 즈음 우리 학교 정문 맞은편에 '티파니'라는 서구적인 이름의 분식점 겸 경양식 가게가 들어섰다. 가톨릭 재단이 운영하는 도내 최고의 명문 여고, 현모양처의 산실답게 선생님들은 분식집은 고사하고 빵집 출입조차 금기시했다.

그러나 엄격한 교칙도 새로운 음식을 향한 내 미친 열정을 가로막지는 못했다. 선생님들이 자주 검문하는 빵집 대신 감시가 소홀한 티파니를 드나들기 시작한 것이다. 그곳에서 난 듣보잡 메뉴인 '스파게티'를 발견하고선 학생으로서는 약간 부담스러운 가격임에도 과감하게 주문했다. 아, 주문한 음식이 나왔을 때의 놀라움이란.

음식을 담아낸 그릇도, 먹는 데 사용되는 도구도 다 달랐다. 게다가 후루룩 흡입할 수 있는 국수나 짜장면의 면발과는 뭔가 다른(이른바 '알덴테'로 삶았기 때문이라는 걸 훗날에야 알았다) 식감이 낯설면서도 매력적이었다. 과일로만 먹던 토마토를 볶아서 식재료로 쓰는 것도 충격적인 경험이었다. 생으로 먹던 것보다 훨씬 맛있었다.(영양학적으로도 기름에 볶는 게 흡수율 면에서 훨씬 낫다는 건 나중에야 안 사실이다)

한국 숟가락에 비해 길이는 짧고 모양은 더 동그란 서양식 수저에 받쳐가면서 포크로 돌돌 감아서 먹노라니, 마치 영화〈티파니에서 아침을〉의 주인공 오드리 헵번이라도 된 것 같은 착각에 사로잡혔다. 아, 그 착각과 오만의 대가로 어머니가 피땀 흘려 챙겨준 단과학원비를 티파니에 헌납해야 했지만.

그 시절에 만난 파스타는 아직도 내가 가장 좋아하는 음식 중 하나다. 그러나 더 이상 존경이나 경배의 대상이 아닌, 일상의 음식일 뿐이다. 우리나라에선 아직도 파스타를 고급 음식으로 치부하는 경향이 있다. 물론 재료에 따라 고가의 파스타가 있을 순 있지만, 대부분의 파스타는 그렇게까지 비쌀 이유가 없는데도 국수나 우동에 견주어 훨씬 비싼 건 순전히 덧씌워진 '이미지' 때문이다.

길을 내기 위해 고향 제주로 돌아온 이후, 나는 집에서 직접 파스타를 만들어 먹는다. 파스타를 제대로 하는 식당도 없고, 맛이 괜찮은 곳은 너무 비싼데다, 제주에는 파스타를 맛나게 만들 만한 신선한 식재료가 넘쳐나기 때문이다.

일주일에 두어 차례 서귀포 매일올레시장에 들러 장을 보는데, 사들이는 식재료는 계절에 따라 달라지지만 양파와 감자, 그리고 버섯은 단골 구입 품목이다. 거기에 브로콜리 철(제주도에는 브로콜리가 많이 재배되어 값이 싸다)에는 브로콜리를, 싱싱한 딱새우가 들어온 날에는 딱새우를 산다. 토마토 값이 확 떨어지는 제철에는 토마토도 한 바구니 사들이는 건 물론이다.

어떤 파스타에 넣어도 무난하게 잘 어울리는 제주산 식재료가 한라산 표고버섯이다. 한라산 중턱에서 재배되는 표고버섯은 진한 향을 풍기면서 고기의 누린내와 잡내를 잡아주는 특별한 미덕을 발휘한다.

말린 표고버섯 상품上品은 눈알이 튀어나오게 비싸지만, 제철에 나는 생표고는 한 바구니에 이삼천 원만 주면 일주일 먹을 분량이니, 고마운 식재료가 아닐 수 없다.

재래시장 재료로만 만든 파스타를 먹으면서 고향 제주에서 게으르게 사는 행복을 만끽하면서, 가끔은 '티파니' 시절을 아스라하게 떠올린다. 때로는 더 넓은 세상으로 나가서 '세상을 깜짝 놀라게 하는 특별한 존재'가 되는 꿈을 꾸다가는, 때로는 예비고사마저 떨어지는 악몽에 시달리던, 그 끊임없이 흔들리던 혼돈과 방황의 사춘기를.

명작에서도 왜 먹는 대목에만 더 꽂혔을까

여고 시절을 식탐으로만 일관한 건 아니었다. 게걸스러운 식욕 이상으로 지적 호기심도 왕성했던지라 닥치는 대로 학교 도서관의 책을 읽어치웠다. 학교 수업은 따분하고 교과서는 지루하기 짝이 없었건만, 도서관의 책들은 빛나고 신비롭고 심오한 세계를 눈앞에 펼쳐냈다.

어린 나이에 하숙집 눈칫밥을 먹으면서 서글픈 타향살이를 하느라 위축된 내게 책은 유일한 피난처, 더 넓은 세상으로 이끄는 길라잡이, 위대한 이들의 영혼을 만날 수 있는 거대한 우주였다. 그 우주를 유영하는 동안만큼은 새로운 자극이라곤 없는 좁은 지역사회, 점점 옥

죄어오는 대학 입시의 중압감, 한 달에 두어 번 들르는 고향집에서 고통스럽게 목격해야 했던 부모님의 끝없는 불화를 다 잊을 수 있었다. 어두운 터널을 통과하던 내게 소설에 등장하는 불안하고 고통받는 영혼들은 더없는 벗이 되었다. 도서관의 장서 중에서도 유독 탐닉한 건 녹색 하드커버 장정의 〈세계문학전집〉(을유문화사 펴냄)이었다.

음식에 대한 호기심은 책 속에서도 멈추지 않았다. 아일랜드의 척박한 삶을 상징하는 삶은 감자마저도 소설 속에서는 왜 그렇듯 매혹적인 먹을거리로 다가오는지. 서양 귀족의 식사에 등장하는 수많은 음식들, 반짝이는 은식기, 흔들리는 촛불, 일본 작가의 사소설에 등장하는 뜨거운 우동 한 그릇……. 식사 장면을 묘사한 대목을 몇 번이고 되풀이해 읽다 보면, 그걸 맛보기 위해서라도 작가의 나라를 찾고 싶어졌다.

정신적 불안과 욕구불만을 오로지 식탐으로 달랬던 여고 시절의 마지막은 끝내 대형 사고로 이어졌다. 예비고사를 한 달여 앞둔 11월 어느 날, 같은 하숙집에 살던 친구 셋이 공부를 핑계로 한방에 모여 오밤중까지 수다를 떨다가 야식을 만들어 먹기로 의기투합했다. 메뉴는 호떡이었다.

주인집 부엌에 살금살금 들어가서 찬장을 뒤져 밀가루와 설탕,

식용유를 찾아냈다. 셋이 역할을 분담해서 발소리를 죽여가며 거사를 도모했는데, 뭐가 잘못되었는지 그만 곤로에 확 불이 붙어버렸다. 당황한 나머지 서둘러 불을 끈다는 게 더 번지게 만들고 말았다. 슬레이트 지붕으로 개량한 안채와 달리 부엌이 있는 바깥채는 불행히도 제주 전통식 초가지붕이었다. 지붕으로 번진 불은 한겨울 바짝 마른 공기를 타고 지붕 전체를 홀라당 태우고 말았다.

시쳇말로 당시 '멘붕' 상태라서 자세하게 기억나진 않지만, 교복 차림의 여학생 셋이 불자동차 꽁무니에 매달려 사시나무처럼 발발 떨면서 소방서로 조사받으러 가던 장면만큼은 또렷하다. 피해 보상금은 우리 부모님들이 나누어 갹출했고, 다행히도 어른들은 '타지의 하숙집에서 오죽 배가 고팠으면' 하는 생각에 우리의 실수를 눈감아주었다.

그로부터 20여 년이 흐른 뒤 중년이 되어 만난 우리 셋은 그때 일을 떠올리며 떼굴떼굴 굴렀다. 그날 호떡은 끝내 먹지 못했다고, 우리 인생에서 최고로 비싼 호떡이었다고, '호떡집에 불난 듯'이라는 속담이 우리에겐 실화였다면서.

신문사에서
야학으로,
다시 교도소로

    대학에 진학하자 서울이라는 더 넓은 세계가 눈앞에 펼쳐지긴 했지만, 변방에서 올라온 나는 왠지 위축되었고 주눅이 들었다. 나는 외로움도 덜 겸 기자의 꿈도 이룰 겸 대학 학보사의 수습기자 시험에 응시했다.

    치열한 경쟁을 뚫고 합격해 첫 신고식을 치르는 날, 난 어처구니없는 광경을 목도해야 했다. 편집국장 선배가 우리 동기 여섯 명을 도열시키더니, 한 명씩 나오게 했다. 앞으로 선배들에게 빳따를 많이 맞게 될

테니 처음이자 마지막으로 선배를 때리라고 강요하더니, 그걸 마친 동기에게는 서랍 속의 소주를 꺼내어 원샷으로 들이키라고 했다. 안주는 달랑 오징어다리 하나. 뒤에서 덜덜 떨면서 돌아서 나가버려, 저걸 마시고 죽어, 갈등을 거듭했다.

    드디어 내 차례. 다행히도 '남성 우월주의'적 사고를 지닌 국장 선배는 "넌 여자니까 한 잔만 해"라는 게 아닌가. 남녀 차별이 그토록 고맙게 느껴지기는 처음이었다. 그날 소주 한 병을 억지로 마신 한 숫내기 공대생은 기어이 병원 신세를 지고야 말았다. 먹고 마시는 일에 강제를 동원하는 게 어처구니없었지만, 그건 앞으로 두고두고 겪게 될 '한국적 음주문화'의 서막에 불과했다.

    고대신문사는 대학신문인데도 마치 직업 신문사처럼 혹독하게 일을 시켰지만, 식사 역시 직업인처럼 먹여주었다. 신문을 제작하는 날에는 조선일보 정간부에서 직원식당의 다양한 메뉴를 맛볼 수 있었다. 당시 총무국장이었던 류현순 선배(현 KBS 해설위원)는 무엇이든 가리지 않고 남자들보다도 더 잘 먹는 내가 기특한지 '뭐 더 먹을래' 챙겨주기에 여념이 없었다. 나는 선배를 기쁘게 해주기 위해 더욱더 먹는 일에 매진했다. 취직한 선배들이 찾아오는 날에는 학교 앞 단골 중국집에서 탕수육과 고량주를 얻어먹기도 했으니, 대학생으로서는 분수 넘치는 입 호사를 한 셈이었다.

먹는 걸 밝히다가 망신을 당한 적도 있다. 마감 즈음 지방 취재를 마치고 신문사로 들어섰더니 때마침 중국집 배달원이 철가방을 막 내려놓고 있었다. 주저 없이 짜장면을 하나 집어들어 젓가락으로 비비려는 찰나, 한 남자 동기생이 정색을 하고 내게 면박을 주었다.

"서명숙 씨, 이거 시킨 거 맞아요? 아직 안 시켰잖아요!"

어어, 나는 젓가락을 들고 할 말을 잃었다. 늘 먹는 것이라면 의당, 당연히 내 거라는 무의식이 부지불식간에 작용한 결과였다.

맛있는 것을 밝히는 행위의 부끄러움

짜장면 사건이 '먹는 매너'의 문제를 제기했다면, 노동야학에서 만난 나이 어린 노동자들은 '맛있는 것을 밝히는 행위'에 근본적인 질문을 던졌다. 스무 살이 다 되도록 맛난 것을 좋아하는 건 인간의 당연한 권리요 자연스러운 욕망으로 인식하고 살았다. 그러나 대학 2학년 가을 기획취재차 찾은 구로동 노동야학에서 낮에는 공장에서 일하고 밤에는 야학에 '근로기준법'을 공부하러 오는 노동자들과 이야기를 나누면서 엄청난 충격을 받았다. 그들에겐 끼니를 거르지 않는 것만도 다행이었고, 식사는 작업과 작업 사이에 되도록 빨리 해치워야 하는 또 다른 공정이었다. 맛을 즐긴다는 건 사치요 허영이었다.

이후 아예 신문사를 그만두고 구로동에서 야학 선생을 하면서, 나는 맛의 세계와는 담을 쌓기 시작했다. 넘쳐나는 오물과, 오물을 뒤덮은 휴지들 때문에 화장실 가기가 두려워 먹는 걸 최대한 자제해야 하기도 했다. 오줌을 하도 오래 참아서 밤 12시가 되어 수유리 자취집에 돌아오면 방광이 터져나갈 듯했다.

맛난 걸 멀리하게 된 데에는 함께 자취했던 천영초 선배의 영향도 컸다. 학부를 졸업하고 한신대에 진학해 신학을 공부하던 선배는 누룽지를 끓여 달랑 김치 하나를 놓고도 우리는 노동자에 비해 너무 호강한다고 늘 강조했다. 끼니때가 되어도 책만 들여다보는 선배 앞에서 밥 먹자는 말도 꺼내지 못한 채 '나는 왜 이리도 형이하학적인 것일까' 자책했다. 아, 내 머리와 위장은 끝내 따로 놀았던 것이다.

감금과 협박 속에서도 기죽지 않는 식성

정작 훗날에는 천 선배 덕에 먹는 호사를 누리기도 했다. 1979년 대학 4학년 화사한 봄날, 제주 모교로 교생실습을 내려갔다가 첫 수업도 못해보고 서울로 압송되었다. 김포공항에 내리자마자 눈을 가린 채 끌려간 모처는 나중에 알고 보니 3층짜리 모텔이었다. 형사들은 그곳에 우리를 영장 없이 구금한 채 날마다 취조하고 자술서를 쓰도록 했다. 천 선배와 함께 반국가적인 전국대학 연합시위를 조직하려 했다는 혐의였다. 내가 한 일이라곤 자취방에서 시국선언문을 작성하고 등사해서 몇몇 대학에 뿌린 것뿐이었다.

형사들은 잠을 안 재우거나, 다른 방에 갇힌 동료들과 진술이 엇갈리면 간혹 귀싸대기를 휘갈기거나, 건물 지하에 있는 고문실로 데려가 건장한 남자들도 1분이면 항복하고 마는 전기고문을 하겠노라며 실제 눈을 가리고 데려가는 시늉을 했다. 그러면서도 그들은 하루 세 끼를 꼬박꼬박 배달시켜주었다.

처음 며칠 동안은 정신적 충격과 수면 부족으로 입안이 깔깔해서 제대로 먹지 못했지만, 시간이 흐르면서 차츰 안정을 찾기 시작했다. 압수된 등사기와 남아 있던 선언문 원본 때문에 구속을 각오했기에 차라리 마음이 편했는지도 모른다. 그 뒤부터는 배달음식을 걸신들린 듯 먹어치웠다. 북어찜 백반, 갈비탕, 제육덮밥, 된장찌개 백반, 잡채밥…… 대학신문사 시절에도 먹어보지 못한 다채로운 메뉴였다.

그중에서도 북어찜 백반은 가장 고급 메뉴였으니, 고향 제주에서는 맛보지 못한 음식이었다. 고추장 양념을 바른 북어를 남김없이 발라 먹는 날 보면서 형사는 어이없다는 듯 한마디 했다.

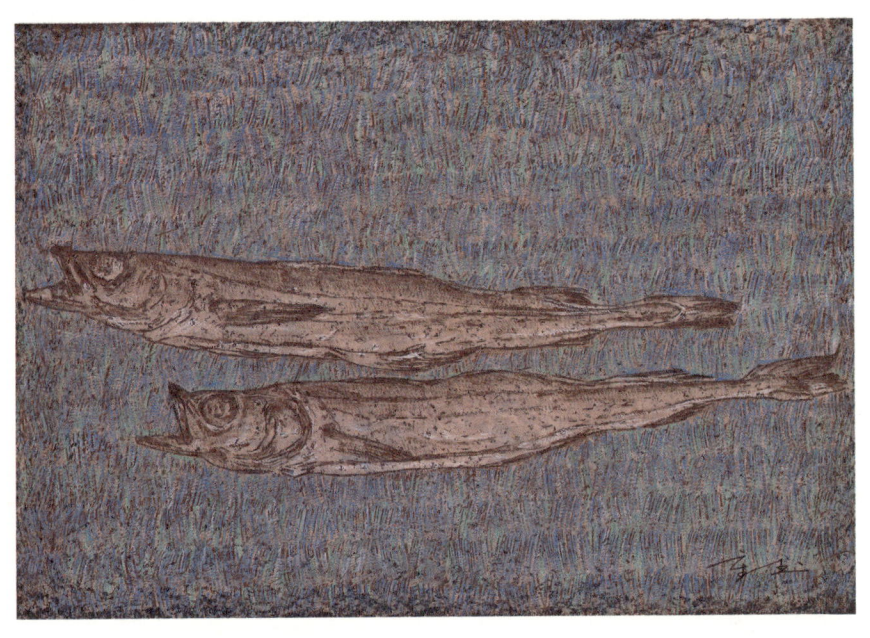

한 달간 감금되어 취조와 협박에 시달리면서도
나는 배달음식을 싹싹 먹어치웠다.
그중 내 입맛을 사로잡은 최고의 메뉴가 있었으니,
고향 제주에서는 구경하기 힘든 북어찜 백반이었다!

"넌, 여자애가 식성도 참 좋다. 저 방에 있는 ××이는 식당 밥이 맛없다고 오므라이스 시켜달라고 징징대던데……."

이런 맛난 음식을 두고 그런 말을 하다니……. 나중에 출소한 뒤에 그 친구에게 물어봤더니, 자기는 그런 말을 할 기력도 용기도 없었노라고 펄쩍 뛰었다.

경찰 수사 과정에서 너무 입맛을 버려놓은 탓이었을까. 31일 만에 모텔에서 나와 경찰서 유치장에서 하룻밤을 묵고 성동구치소에 처음 수감되는 날, 난 황당한 착각을 했다. 지니고 있던 소지품과 입고 있던 옷을 다 영치시키고 낯선 푸른 수의로 갈아입은 뒤에, 수번이 적힌 명패를 들고 수형자 증명사진을 찍고 나서였다. 행정실 대기 의자에 앉아 입방을 기다리는데 죄수복을 입은 한 여자가 쟁반에 뭔가 들고 들어왔다. 척 보니 오므라이스였다.

아, 수사 받을 땐 북어찜을 주더니 교도소에서는 오므라이스를 주는구나. 듣던 거랑은 많이 다르네, 생각했다. 그러나 정작 눈앞에 놓인 건 누런 보리밥, 밥에 쌀보다 보리가 훨씬 많아서 그 색깔이 오므라이스와 비스무리했던 것이었다. 나중에 알고 보니 틀에서 대량으로 쪄낸 이른바 '가다밥'이었다. 입안에서 설겅거리는 가다밥을 목구멍에 밀어 넣으면서 비로소 교도소 생활이 시작됐음을 절감했다.

석방 통보,
끝내 먹지 못한
라면 한 봉지

　　서울에서도 끄트머리 오지에 자리 잡은 성동구치소는 자유를 갈망하던 젊은이에게 말 그대로 '감옥'이었지만, 맛난 음식을 밝히는 내게는 최악의 공간이었다. 30년도 더 지난 지금도 그 허접하던 음식이 선하게 그려질 만큼 구치소 음식은 인상적이었다. 고춧가루를 바르는 시늉만 한 김치는 퀴퀴한 냄새마저 풍겼고, 기본반찬 두어 가지는 죄다 저장성이 높은 짠지 종류였다. 본디 짠지 음식이 덜 발달한 제주 출신인데다 야학에서 얻은 방광염과 신장염 때문에 염도가 높은 반찬은 치명적이었다. 시간이 흐를수록 내 얼굴은 쌍꺼풀이 사라질 만큼 통통 부었고, 주먹조차 제대로 쥘 수 없었다.

군대도 예전엔 그랬다지만, 그 무렵 구치소 관식은 단체급식 중에서도 가장 적은 예산으로 만들어져서, 가장 불공정하게 배분되었다. 그나마 특식으로 나오는 메뉴가 오뎅국과 갈치구이(그 당시 갈치는 가장 싼 생선 중 하나였다). 재소자의 신분으로 교도관을 돕는 소지가 특식을 예고하는 날이면 모두들 소풍날처럼 들떴다.

그러나 신참인 내게 돌아오는 오뎅국은 건더기는 찾아보기 힘든 멀건 국물이기 일쑤였다. 배식 전에 교도관들이 가장 실한 왕건이를 거지반 차지하고 배식 과정에서도 고참 순으로 건더기를 건져갔다. 갈치구이 역시 통통하고 큰 토막은 다 '힘쎈' 사람들 차지이고, 신참에게 돌아오는 건 삐쩍 마른 갈치 꼬리이기 십상이었다.

아, 뼈째 씹어도 가시가 걸리지 않을 만큼 앙상한, 살짝 고린 냄새마저 풍기는 시커먼 먹갈치를 먹으면서, 투명할 만큼 하얗게 빛나는 고향 제주의 은갈치, 그 달큰하고도 싱싱한 맛을 얼마나 그리워했던가. 갈치를 만난 날이면 서귀포 바다를 향한 그리움으로 밤새 뒤척였다. 음식이 목메는 그리움과 닿아 있다는 걸 그때 알게 되었다.

그곳에서는 건빵조차 귀한 먹을거리더라

관식 외에 사식으로 차입 가능한 음식물도 있었지만, 그 종류는 극히 한정적이었다. 마가린과 달걀, 보름달 빵과 건빵 정도가 고작이었다. 보름달 빵은 교도소에서 유일하게 달달한 음식이어서 재소자들에게 인기가 높았고, 건빵을 쪼개서 가운데에 마가린을 발라 먹는 것도 한동안 유행했다.

그게 얼마나 큰 호사였는지 깨달은 건 옆방 '절도방' 소년수들을 통해서였다. 소년원 시설이 태부족해서 이곳 구치소에 수용된 그들은 열다섯에서 열여덟 정도의 앳된 소녀들. 꽃다운 나이인데도 그늘이 드리운 표정들이었다. 하루에 한 번 20분씩 허용된 운동시간에 운동장으로 나가려면 반드시 그 방 앞을 지나야 했다. 어느 날 한 소년수가 창살 틈으로 목을 빼꼼 내밀고 말을 걸어왔다.

"그 방은 부자방이라서 건빵이 남아돈다던데 한 봉지만 나눠주면 안 돼요?"

알고 보니 그들에게는 면회 오는 가족도 거의 없고, 영치금도 넉넉지 않아서 한창 식욕이 왕성한 때에 비참한 관식으로만 때우고 있는 실정이었다. 소지를 통해 건빵 몇 봉지를 보냈더니, 감사의 표시로 소녀는 예쁘게 수놓은 수건을 보내왔다. 늘 까칠한 표정으로 바라보던 '절도방' 소녀들은 그 뒤부터는 내가 지나가면 활짝 미소 지으며 "건빵 언니 고마워요" 인사를 건넸다.

어느 날 한 소년수가 운동장에서 내게 다가오더니 관복 옷소매 사이로 무언가를 슬쩍 집어넣었다. 방에 돌아와서 보니 오매불망 그리던 라면이었다. 그네들은 구치소 2층의 '공장'으로 사역을 나갔는데, 어쩌다 특식으로 라면이 제공되었다. 그 소녀는 그 라면을 먹지 않고 아껴두었다가 선물한 것이었다.

사물함에 라면을 꼭꼭 숨겨둔 채 부푼 마음으로 나날을 보냈다. 언젠가 밤중에 복도에서 근무하는 당직 교도관을 잘 구슬려 라면을 끓여 먹고 말리라. 교도관과 친한 고참들은 가끔씩 밖으로 불려 나가 특식을 먹고 들어오곤 했으니까.

인간이란 얼마나 사소한 것에 마음을 붙이고, 작은 근거에 희망을 품고 사는 존재인가. 라면 한 봉지가 살을 에는 듯한 교도소의 스산한 초겨울과 무료한 나날을 견디게 해주었다. 그 겨울의 길목에서 어느 날 새벽 난데없이 구슬픈 나팔소리가 울려 퍼지더니 박정희 대통령이 갑자기 서거했다는 소문이 돌았다.

그 소문은 시간이 흐르면서 사실로 판명되었다. 그해 크리스마스를 앞두고 갑작스레 석방 통보를 받은 나는 끝내 라면을 끓여 먹지도

석방 통보를 받자마자 머릿속에 떠오른 건 라면 한 봉지였다.
살을 에는 듯한 교도소의 스산한 초겨울과 무료한 나날을 보내면서도
사물함에 꼭꼭 숨겨둔 라면을 떠올리면 마음이 부풀었다.

못하고 출소해야 했다. "4141, 당장 짐 다 챙기고 나와"라는 교도관의 느닷없는 통보에, 맨 먼저 머릿속에 떠오른 건 꽁꽁 숨겨둔 라면이었다. 출소하면 얼마든지 실컷 먹을 수 있는 라면인데도, 라면을 두고 떠나는 게 얼마나 애석했던지.

못 먹을수록 욕망은 더 부풀어 오르고

'개털'인 소년수들의 방과 달리 내가 수용된 방은 간통과 사기범들이 주로 수용되어 있는, 이른바 '범털' 방이었다. 그중에서도 계 사기로 들어온 이들은 꽁쳐둔 돈이 있거나 부동산이 제법 있는 이들이어서, 감옥 안에서도 나름 호사를 누렸다. 날달걀을 한 판 사서 밥에 비벼 먹거나, 얼굴에 팩을 붙이기도 했다. 달걀을 유난히도 좋아했던 나는 그 맛난 재료를 얼굴에 떡 붙이고 드러누운 중년 여자들을 보면서 상상의 나래를 펴곤 했다. 아, 저럴 게 아니라 콩기름을 살짝 두르고 프라이를 한다면, 휘휘 저어가면서 볶다가 참기름을 두어 방울 떨어뜨린다면, 새우젓 살짝 넣고 파 쏭쏭 썰어 넣고 은근한 불에 중탕을 한다면…….

음식을 놓고 상상의 나래를 펴기는 다른 재소자들도 마찬가지였다. 재소자들의 대화에서 가장 많이 등장하는 공통적인 화젯거리는

'바깥에서 해먹던 음식' 이야기였다. 무슨 철에는 무슨 재료를 무슨 양념을 써서 어떻게 해먹는다는 이야기를 누군가 꺼내면, 다른 재소자는 저렇게 만들면 더 맛있다고 반박하는 식이었다. 남편이 김재규 장군의 부관을 지냈다는 한 장군 사모님은 친정어머니가 명절에 만들던 음식을 회상하면서 닭똥 같은 눈물을 흘려 주변을 울음바다로 만들기도 했다.

 훗날 그 비스무리한 경험을 단식원에서 했다. 기자 생활을 하던 중 운동 부족에 스트레스로 몸이 엉망진창으로 망가지고 있는 것 같기에 휴가를 내서 단식원에 들어갔다. 일주일간 꼬박 굶으면서 요가와 풍욕, 명상에 집중하는 프로그램이었다. 하지만 이런저런 고상한 프로그램도 식탐을 완전히 뿌리 뽑지는 못했다. 시간이 날 때마다 여자들은 '밖에서 먹던 먹을거리' 이야기에 열을 올렸다.

 그중 딸과 함께 입소한 여자의 입담은 가히 좌중을 압도했다. 먹는 걸 밝히는 게 집안 내력인지 모녀 둘 다 푸짐한 체격이었는데, 어머니 쪽인 여자는 끊임없이 다양한 레시피를 쏟아냈다. 손짓과 표정까지 동원해서 맛깔나게 설명하는 그녀의 이야기를 듣노라면, 침이 절로 꼴깍 넘어갔다. 한편으로는 이들 모녀가 단식을 끝내고 난 뒤에 얼마나 맛난 걸 많이 만들어 먹을까, 걱정스러웠다.

매일시장통의

식탐공주

교도소와 단식원 경험이 내게 일러준 교훈이 있다면, 자의든 타의든 욕망은 억압할수록 더 부풀어 오른다는 것이다.

- 2부 -

지친 영혼을 달래다

먹는 즐거움으로,
먹은 힘으로 버틴 나날

　다양한 직업군 가운데 기자처럼 먹는 걸 밝히는 부류도 드물 것이다. 기자들의 주된 취재 대상인 정치인, 기업인, 고위 공무원, 예술가들도 먹는 걸 밝히는 부류의 사람들이었다. 따라서 식사 자리는 취재원을 만나는 주요한 매개 고리였다.
　내근을 할 때면 취재원과 식사할 때보다 훨씬 소박한 밥집을 이용하지만, 맛있어야 한다는 대전제만큼은 확고부동했다. 좋은 밥집, 맛난 식당을 찾아내는 건 기자로서 중요한 자질 가운데 하나로 간주되었고, 자신이 추천한 식당의 음식 맛이 시원찮으면 동료들로부터 욕을 바가지로 먹을 각오를 해야 했다.

넉넉잖은 주머니 사정 때문이었을까. 인테리어로 승부를 거는 곳, 맛보다는 기교가 화려한 음식을 내놓는 곳, 이름값으로 터무니없는 가격을 받는 곳은 일단 열외였다. 소박하지만 음식으로 승부하는 곳, 단품 메뉴일지언정 확실한 '한 방'이 있는 곳, 가격 대비 맛이 훌륭한 곳이 기자들이 좋아하는 밥집의 필수 조건이었다. 그런 곳을 발견하면 기자들은 살짝 갈등을 느끼곤 했다. 이렇게 좋은 밥집을 널리 소개해 독자들에게 정보를 줄 것인가, '머리카락 보일세라' 꼭꼭 숨겨두고 우리끼리만 애용할 것인가. 매스컴을 타서 알려지고 장사가 잘되면 맛이 변하거나 장소를 옮기는 경우를 많이 봤기 때문이다.

인심 좋고 사연 많은 단골 밥집의 고수들

20년 넘게 광화문통에서 직장을 다니는 동안 몇몇 잊히지 않는 단골집이 있다. 그들 밥집에는 한결같은 공통점이 있었다. 메뉴가 소박하고 대중적이며, 대부분 한 가지를 전문으로 취급하고, 여주인이 엄청 카리스마를 발휘하며 인심이 좋아 퍼주기를 즐겼다. 그녀들은 한결같이 나를 좋아했는데, 이유는 딱 한 가지. 까다롭게 굴지 않고 뭐든

지친
•
영혼을
•
달래다

맛나게 먹는다는 것이었다.

 사실 '뭐든' 잘 먹는다는 건 전적으로 오해였다. 밥값에 비해 서비스가 엉망이거나 기본기도 못 갖춘 음식을 내놓는 집에서는 절대로 그냥 넘어가지 않는 '까도녀'이기도 했다. 비린내가 훅 끼치는 동태찌개집에서는 주인에게 국물을 한번 맛보라고 다그치는가 하면, 모처럼 맘먹고 후배들에게 한턱 쏜 비싼 장어구이집에서는 종업원의 어처구니없는 불친절에 계산을 거부하기도 했다.

 그렇지만 맛있고 정감 있는 집에서는 내 돈 내고 먹으면서도 몇 번이고 '잘 먹었다'고 인사하는 '매너 손님'이기도 했다. 다른 손님들도 많이 끌고 오고 감사인사도 잘하다 보니 단골 음식점 아주머니들은 나를 좋아했고, 그녀들과 인생 상담을 주고받으면서, 메뉴에 없는 특식이나 반찬을 얻어먹는 특혜를 누리기도 했다.

 회사 근처 설렁탕집 아주머니는 초혼에 실패해서 갓난아이를 데리고 식당 주방을 전전한 사연에서부터 지금 그 아들이 대학을 마치고 좋은 직장에 취직해서 수준 차이가 나는 좋은 집안의 딸과 결혼했는데 이제는 자기 아들이 아닌 그 집 사위가 되고 말았다는 남모르는 가슴앓이까지 미주알고주알 털어놓았다. 야근을 끝내고 늦은 전철을 타러 가던 길, 식당 구석에 혼자 오도카니 앉아 소주잔을 기울이는 그녀의 어깨는 늘 시려 보였다. 회사를 그만둘 때 직장 동료보다도 더 애석해했던 이도, 제주에 길을 만들러 내려간다고 하자 함께 내려가서 밥이라도 해주마 했던 이도 그녀였다.

그 아주머니를 생각하면 지금도 마음 한구석이 아려오지만, 정반대인 경우도 있었다. 부대찌개집 명랑 할머니 자매가 그들이다. 서대문경찰서 뒤편 좁은 골목에 끼어 있는 간판도 없는 식당이었지만, 늘 손님이 들어차서 빈자리가 없을 정도였다.

부대찌개는 전국 어디서나 흔한 음식이지만, 재료와 국물 맛이 천차만별이다. 이 집의 부대찌개는 재료부터 완전 '오리지널'이었다. 햄, 소시지, 완두콩, 베이컨 모두가 최상급 재료인데다 국물 맛도 텁텁하지 않고 매콤하되 깔끔하고 고소했다. 손님 치다꺼리에 피곤할 법도 한데 항상 명랑한 할머니들을 보면서 그 비결이 궁금했다.

"손님들이 잊지 않고 찾아와주니 먹고살 걱정 없고요. 주말마다 문 닫고 우리끼리 전국 팔도 안 가본 데 없이 여행 다녀요. 자전거도 타러 다니고."

아하, 손님도 바글바글한데 이틀이나 문을 닫다니. 그들은 '일' 못지않게 '쉼'의 중요성을 터득한, 삶을 즐기는 법을 아는 고수들이었다.

〈오마이뉴스〉 편집국장으로 일하던 무렵, 사무실로 부피가 엄청

큰 택배가 배달되어왔다. 택배 도착과 동시에 전화가 걸려왔다. 목포에 사는 독자인데 왕년에 〈시사저널〉 때부터 팬이었다면서 아주 좋은 민어가 시장에 나왔길래 보냈으니 그거 먹고 기운 내란다. 집에 계신 어머니에게 전화를 했더니 펄쩍 뛰신다. 민어를 다뤄본 적이 없으니 절대로 집에 들이지 말고 밖에서 알아서 해결하란다.

헌법재판소 근처 단골 음식점 '남원'의 여주인 소미선에게 전화해서 저간의 사정을 털어놓았더니 암 걱정 말고 무조건 퀵으로 물건부터 보내고 저녁에 사람들을 몰고 오란다. 민어 시식단을 급히 꾸려서 퇴근 후 단골집에 들렀더니 여주인이 희색이 만면해 행주치마에 물기를 닦으면서 맞이했다.

"언니, 아따 이렇게 좋은 놈은 내 보다보다 첨 보겄소. 얼음을 잔뜩 넣고 손질을 잘해 보내서 여간 좋덜 안 해. 회도 좀 뜨고, 탕도 끓이고, 전도 좀 부쳤으니 골고루 드셔들. 여름 민어는 보약보다 나은께."

좋은 재료를 만나서 음식 만들기가 행복했노라는 소미선은 천생 밥집 아줌마였다.

일행이 자리를 잡고 앉자 민어회부터 내왔다. 아, 수줍게 홍조를 띤 새색시 같은 연분홍빛 속살이라니. 간은 푸아그라가 왔다 뺨 맞고 갈 만큼 부드럽고 고소했다. 이어진 민어탕과 민어전 또한 별미였으니 우리 일행은 그날 단골 독자와 단골 밥집 덕분에 참으로 행복했다.

가수 양희은과 뚝배기 할망의 프로 근성

제주로 돌아온 뒤로는 서울에서 직장을 다닐 때처럼 날마다 외식할 일은 없었지만, 그래도 맛있는 집 찾아다니는 재미로 몇 군데 단골 식당을 개척했다. 그중 하나가 서귀포 부두 근처의 '할망 뚝배기'. 말 그대로 할망이 하는 향토음식점으로 손님이 가도 별 반가운 표정 없이 무뚝뚝하고 가끔은 쥐어박는 소리를 하는데, 욕을 얻어먹으면서도 갔던 건 제대로 제주 음식을 하기 때문이다.

그곳에 가면 나는 해물뚝배기가 아닌 갈치국을 시킨다. 해물뚝배기가 관광객 입맛에 맞춰 개발된 음식이라면, 갈치국은 오래전부터 전해 내려오는 향토음식이다. 성성한 당일바리 은갈치에 노란 늙은 호박과 시퍼런 배춧잎과 땡초를 넣어 끓인 갈치국 한 그릇을 비우고 나면 이마에서 땀이 송골송골 배어난다. 비릴 것 같아 망설이던 육지 사람들도 옆에서 한 숟갈 떠먹어보고는 "전혀 비린내가 나지 않는다. 신기하다"고 이구동성 감탄사 연발이다. 당일바리 갈치와 냉동 갈치는 생선살과 국물 맛이 현저하게 다르다. 당일바리가 없는 날은 별수 없이 냉동 갈치를 쓰는데, 그런 날에는 할망이 꼭 미리 귀띔을 한다.

"오늘은 갈치 어서부난 냉동이여. 경해도 시키젠(오늘은 갈치가 안 나서 냉동인데 그래도 시킬 거냐)."

한번은 가수 양희은 선배와 동행했는데, 그녀는 밑반찬을 먼저 먹어보더니 고개를 끄덕였다. 전국을 돌아다니면서 미식을 즐기고 본인 또한 요리를 잘하는지라 맛 평가에서는 타의 추종을 불허하는 선배였다. 국물 한 숟갈만 떠먹어보면 무엇을 넣었는지 주르르 꿸 정도였다. 우리가 웬만한 사람은 다 먹기 힘들 만큼 푸짐한 갈치국을 싹싹 비우자 누군가 주인 할망에게 "유명한 가수가 왔으니 음식점 홍보하게 사진이나 좀 찍으시라"고 권유했다. 사적인 자리에서 사진 찍히기를 꺼리는 양 선배인지라 내심 걱정했는데, 정작 거절은 할망이 먼저 하고 나섰다.

"내가 나 실력으로 장사햄신디 무사 가수하고 사진 찍엉 선전허크니."

할망의 버럭 소리에 놀란 양 선배는 내 제주어 통역을 듣고 나더니 박장대소하면서 "야, 정말 멋지다. 맘에 들었어. 음식도, 주인도 다!"라는 게 아닌가. 그날 이후 양 선배는 제주를 찾을 때마다 할망집을 찾았고, 할망 또한 그녀를 반겨 맞았다. 절대로 사석에서는 노래를 안 하는 양 선배와 음식으로만 승부하겠다는 할망의 프로 근성은 서로 닮아 있다. 가는 길이 달라도 고수끼리는 서로 알아보는 법이다.

또 다른 단골집 '고향생각'은 귀향 직후 택시기사에게 소개받은 곳. 어릴 적 먹던 고기국수가 그리워서 기사 분에게 잘하는 식당을 추천해달랬더니 주저 없이 고향생각을 꼽았다. "고기국수도 잘하지만 특히 파김치는 죽여준다"고 덧붙였다. 며칠 뒤 그 집을 찾아 택시기사의 말이 맞는지 확인에 들어갔다. 그의 말은 결코 과장이 아니었다. 배지근하면서도 담백한 국물, 푸짐한 고명 돼지고기, 쫄깃한 면발. 고기국수의 삼박자가 딱 맞아떨어졌다. 압권은 역시 기사의 말대로 파김치였다. 파김치의 매콤 상큼한 맛은 고기국수의 배지근한 맛을 보완하면서 환상적인 궁합을 이루었다.

여주인 이미자 씨에게 비결을 물었다.

"좋은 고기가 첫째지. 그러나 그걸로만은 안 돼. 삶으면서 몇 번이고 거품을 걷어내야 해. 그래야 국물이 구수하면서도 잡내가 안 나지. 면은 미리 삶아놓으면 퍼져버려서 맛이 없으니 주문받고 나서 삶아내야 해."

맛난 음식을 먹으려면 주인도 손님도 시간을 들여야 하는 법. 이 성깔 있는 주인장은 '빨리빨리' 재촉하는 손님은 다른 데 가서 드시라고 쫓아내버린다. 기다리는 자는 궁극의 국물 맛을 볼 수 있고, 재촉하는 자는 '국물도 없는' 식당이 바로 고향생각이다.

미자 씨는 성깔이 있는 반면 인정은 후하다. 국수건 고기건 반찬이건 어찌나 푸짐하게 내놓는지 갈 때마다 "양이 너무 많으니 적당히 주고 더 달라면 그때 더 주라"고 잔소리를 해대지만 그녀는 들은 체도 안 한다. "음식을 쬐끔씩 주면 정이 안 붙는다. 더 달라고 차마 말 못하는 사람도 있으니 첨부터 많이 줘야 한다"면서.

눈물도 많고 인정도 많은 밥집 할망, 아주망들이 왜 욕은 잘하는 걸까. 욕은 혹 '그 여자의 눈물'이 아닐까. 험한 세파를 오로지 자기 몸뚱아리 하나로 헤쳐가면서, 그 수많은 '진상' 손님을 맞이하면서, 사람에게 힘을 주는 밥을 해먹이면서 그녀들은 욕으로라도 세월을 견뎌낸 게 아닐까.

자리젓,
혐오식품에서
천하일미로!

    첫아이를 가졌을 때다. 당시로는 좀 늦은 나이인 스물여덟 살에 산부인과 의사로부터 '임신' 판정을 받았다. 며칠 뒤부터 갑자기 속이 메슥거리기 시작했다. 뭔가 명치끝에 얹힌 것도 같고, 울렁거리기도 하고…… 내 몸이 내 몸이 아닌 것 같은 상태가 계속되면서, 아무것도 먹을 수 없는 지경에 이르렀다. 세상에, 천하의 먹보가 먹을 수가 없다니. 이런 일이 내게 일어날 줄은 상상도 못했다.
    날마다 뭔가 먹고 싶기는 했다. 어떤 날은 초밥이, 다음날에는 부

지친
•
영혼을
•
달래다

대찌개가, 그 다음날에는 판메밀국수가. 그러나 내 전화를 받은 남편이 시내 곳곳을 뒤져 내가 부탁한 음식을 사갖고 돌아오는 사이에 욕구가 싹 사라지고 말았다. 심지어 그 음식 앞에서 '우에엑' 헛구역질이 나오는 경우도 있었다. 내 위장의 끝없는 변덕에 질려버린 주위 사람들은 "야, 세상에 너만 애를 가졌냐? 왜 그렇게 티를 내냐"면서 임산부를 타박했다. 뱃속의 아이가 원망스러울 지경이었다.

굶다시피 지낸 날이 보름여쯤 흘렀을까. 문득, 자리젓이 떠올랐다. 그거라면 밥을 넘길 수도 있을 것 같았다. 이런 내가 스스로도 황당했다. 평소 좋아하던 그 맛난 것들도 못 먹는 마당에 자리젓이라니, 말도 안 돼! 자리젓은 내게 '혐오식품'에 가까운 먹을거리였다. 어린 시절 어머니와 시장 아주망들은 삼삼오오 모여 각자 싸갖고 온 반찬을 나누면서 식사를 하곤 했는데(들밥이 아닌 장밥인 셈이다), 늘 등장하는 반찬이 바로 자리젓이었다. 그 곁을 지날 때마다 난 퀴퀴한 냄새에 오만상을 찌푸리며 코를 막았고, 그 모습을 본 아주망들은 깔깔대며 웃었다. 이북 출신 아버지는 자리젓 냄새라면 질색이어서 우리 집 밥상에는 오르지도 못했다.

자리젓에 대한 가슴 아린 기억도 있었다. 초등학교 5학년 소풍날, 즐거운 점심시간이었다. 소풍 장소는 늘 그렇듯이 외돌개 근처 솔숲(올레 7코스 시작점 찻집 '솔빛바다' 인근). 우리 반 말썽꾸러기로 통하던 개구쟁이 박성배가 점심 보자기를 들고 솔숲 사이로 슬그머니 사라졌다. 친구들과 어울리기 좋아하는 애가 왜 혼자 밥을 먹으려는 걸까, 호기심이 생겨서 그 뒤를 따라갔다. 소나무에 기대앉은 성배는 보자기를 풀었고, 그 안에는 달랑 꽁보리밥이 담긴 밥그릇과 자리젓 한 보시기뿐이었다. 어린 마음에도 왜 그 애가 혼자 밥을 먹으려 했는지 알 것 같았다. 김밥을 못 싼 아이들도 오뎅볶음이나 멸치볶음 같은 소풍용 반찬을 싸왔을 텐데 만날 먹는 자리젓 반찬을 친구들에게 내보이기가 싫었던 것이다. 제자리로 돌아와 언니가 아침부터 부산을 떨면서 싸준 김밥과 돈까스를 먹으면서, 난생처음 나는 '먹을거리의 계급성'을 어렴풋이 느꼈다.

그런 자리젓을 임신 중에 떠올린 이유는 도무지 알 수 없었다. 자리젓 맛도 보지 못한 뱃속의 태아가 원했을 리는 만무하니, 할머니의 할머니 시절부터 먹어온 음식인지라 내 몸속의 DNA에 저장된 게 아닐까, 짐작했을 뿐.

한번 자리젓을 떠올리자 욕망은 이스트 반죽처럼 부풀어 올랐다. 제주에 사는 어머니에게 전화를 했더니 서울 올라가는 사람을 수소문해 인편으로 당장 부치겠단다.(택배 시스템이 지금 같지 않았더랬다) 다음날 어머니는 공항에서 접선할 사람의 인상착의와 도착시간을 알려주었고, 난 여러 날 굶어 비실대는 몸을 이끌고 김포공항으로 나갔다. 어머니의 부탁을 받았다는 중년 남자는 첩보원처럼 신속한 동작으로 물건을 잽싸게 건네주었고, 난 그것을 신줏단지 모시듯 품에 안고 집으로 돌아왔다. 자리젓 보따리를 풀기 전만 해도, 자리젓의 효능을 확신할 수가 없었다.

보따리를 풀고 몇 겹의 비닐봉지를 풀어헤치고 나서야(어머니는 자리젓 냄새가 비행기 안에 진동할세라 몇 번이고 꽁꽁 싸맨 것이다) 자리젓은 그 특유의 꼬리꼬리한 냄새를 왈칵 풍겼다. 순간, 밥을 먹고 싶다는 맹렬한 욕구에 휩싸였다. 밥통 안에는 남편이 해놓은 밥이 가득했다. 밥을 한 숟갈 허겁지겁 퍼넣고 자리젓을 손으로 죽 찢어서 한 입 베어 물었다. 그래 바로 이 맛이야, 내 혀가 그토록 갈망했던 맛! 두 공기, 세 공기. 밥통 안의 밥을 다 먹어치우고서야 미처 날뛰던 식욕은 가라앉았다.

그때까지만 해도 난 '소울푸드'라는 개념을 비웃었다. 수많은 문인과 음식평론가들이 어머니가 해준 고향이 맛 운운하면서 그리움을 담아 회상한 글을 보면서도 '세상에 얼마나 다양한 음식이 널려 있는데 왜 만날 어린 시절 음식 타령이야' 냉소했다. 그날의 자리젓은 영혼을 달래주는 소울푸드가 엄연히 존재한다는 걸 일깨워주었다. 내게 소울푸드는 제주 바당(바다)이 길러내고 제주 바람이 숙성시킨, 제주 사람들의 일용할 양식인 '자리젓'이었던 것이다. 그날 이후 자리젓은 우리 집에 없어서는 안 되는 반찬으로 자리 잡았고, 나는 육지에 파견된 '자리젓 전도사'가 되었다.

자리젓에 열광한 새 신도 중에는 같은 직장(전 〈시사저널〉, 현 〈시사IN〉)에 오래 근무한 김훈(소설가)과 이문재(시인)를 빼놓을 수 없다. 대개 문인들 중에는 미식가를 자처하는 이가 많은데, 두 사람도 그런 부류였다. 주머니가 가벼워 비싼 음식을 사먹을 수는 없어도, 그들은 맛난 음식을 밝혔고 음식 비평에 열을 올렸다.

어느 날, 입맛이 없어 도시락을 싸들고 출근한 나는 함께 가자는 동료들의 채근에 못 이겨 식당에 가면서도 자리젓을 갖고 갔다. 그들은 열심히 자리젓을 설명하는 나를 비웃었다. 김훈은 서울 양반가에서 즐겨 먹던 명란이야말로 최고의 젓갈이라고 침을 튀기며 역설했고, 이문재는 강화도(그는 김포 출신이다)야말로 젓갈의 고장이라서 웬만한 젓갈은 두루 섭렵했지만 자리젓은 들은 바 없노라고 무시했다.

그러나 그들은 자리젓을 한번 맛보자마자 "으음" 감탄사를 연발했다. "가히 젓갈의 지존이라 할 수 있군." 김훈의 촌평이었다. 이문재는 입천장에 억센 자리가시가 박혀 절절매면서도 자리젓을 찬양했다. 사

지친
•
영혼을
•
달래다

도 바울처럼 완전히 개종한 이문재는 "세상은 자리젓 맛을 아는 사람과 모르는 사람으로 구분된다"고 역설하기까지 했다.

개종자가 생길 때마다 고향의 어머니에게 자리젓을 부탁하는 횟수가 늘어났다. 자리젓을 보낼 때마다 어머니는 전화기에 대고 신신당부했다.

"절대 마농은 놓지 말렌허라. 경허민 비렁내 난다(절대 마늘은 넣지 말라고 해라. 그러면 비린내 난다)."

젓갈을 버무릴 때 빠지지 않는 양념이 마늘. 그러나 자리젓만큼은 고춧가루와 땡초, 깻가루만 넣고 버무려야 제맛이 난다.

몸국,
잠시 고단한 삶을
내려놓다

　　자리젓이 오랜 입덧으로 쇠약해진 내 몸을 구했다면, 몸국은 고단한 도시 생활과 끝없는 경쟁으로 피폐해진 내 마음을 위로한 '소울푸드'였다. 몸국은 제주 사회의 전통적인 잔치음식으로 어린 시절 잔칫집에서 더러 먹던 음식. 자리젓처럼 기피하진 않았지만, 그닥 입맛이 당기는 음식은 아니었다. 그보다는 잔치 도감(잔칫날에 돼지고기 따위를 썰고 나눠주는 사람)들이 척척 썰어서 한 접시씩 내주던 돔배(도마)고기가 훨씬 매력적이었다.

지친
영혼을
달래다

그런 몸국을 다시 접하게 된 건 뜻밖에도 서울 한복판, '제주 4·3' 문제를 함께 고민하는 출향 제주인 모임에서였다. 장소는 홍익대 근처의 '눈치없는 유비'라는 제주 향토음식점. 제주를 대표하는 소설가 현기영, 한국의 독보적인 번역가 김석희 선배가 함께한 자리였다. 모두들 몸국을 시키는 바람에 나도 덩달아 몸국을 주문했다.

세파에 시달려봐야 쓰디쓴 쐬주 맛을 알게 된다는데, 딱 내가 그 짝이었다. 도시의 뒷골목에서 오래 헤맨 탓일까, 경쟁의 사다리를 타고 오르느라 너무 힘겨웠던 탓일까. 어릴 적엔 느끼하게만 여겨졌던 몸국이 배지근하게 입에 착 감겨왔다. 입안 가득 들어온 몰망(경단구슬모자반) 내음은 그리운 고향 제주 바당의 내음이었다. 하마터면 눈물을 쏟을 뻔했다. 다른 사람들에게 들키지 않으려고 국그릇에 얼굴을 처박고 빨아들이다시피 탐닉했다. 선배들이 농을 건넸다.

"도시 여자 다 돼신가 해신디, 몸국 잘 먹는 거 보난 서명숙도 축어시(영락없이) 제주 여자여이."

"사람은 변해도 입맛은 안 변허주."

그 선배 말이 틀렸다고 속으로 생각했다. 내 입맛은 변했다. 어릴 적 몰랐던 몸국 맛을 세월이 가르쳐준 것이다. 그날 이후 나는 서울 친구들을 '눈치없는 유비'로 우르르 몰고 가 제주 음식을 맛보게 했다. 그런 날이면 음식 값은 꼭 내가 치러야 했지만, 그래도 마냥 뿌듯했다.

언론사 생활이 계속될수록 내 심신은 쭉정이처럼 텅 비어갔다. 높은 자리에 올라갈수록 '등이 휠 것 같은' 삶의 무게에 짓눌리는 느낌이 더해갔다. 노래방에서 〈한계령〉을 부르는 횟수가 잦아졌다. '바람처럼 살다 가고' 싶었지만, '저 산은 내려가라 내려가라' 지친 내 어깨를 떠밀어댔다. 특종을 목마르게 갈구했지만, 특종 기사가 나가고 나면 영락없이 골치 아픈 송사에 휘말려야 했다. 특종을 해도 걱정, 안 하면 스트레스인 나날 속에서 점점 지쳐만 갔다. 맑은 물이 찰랑거리던 우물이 오랜 가뭄 끝에는 '득득' 바닥 긁는 소리만 나는 것처럼, 내 영혼의 우물은 바짝 말라붙었다. 아이디어는 솟아나지 않았고 한 줌의 열정도 지필 수 없는 지경에 이르렀다.

그러던 어느 날, '눈치없는 유비'에서 몸국이나 한 그릇 먹고 싶다는 생각이 불쑥 들었다. 누구에게 동행을 권할 기력조차 없어서, 혼자 택시를 잡아타고 달려갔다. 큰길에서 내려 짧은 골목을 걸어 들어가는데도 무릎이 푹푹 꺾이는 느낌이었다. 엉금엉금 기다시피 식당 문을 밀고 들어가서 몸국 한 그릇을 시켜놓고 자리에 풀썩 주저앉았다. 안면 있는 주인이 걱정스러운 얼굴로 쳐다보았던 것 같다.

그날, 몸국 국물을 떠넣으면서 위장이 아니라 영혼을 채우고 있다

지친
・
영혼을
・
달래다

는 느낌을 받았다. 도시에서 떠도느라 외롭고 시린 한 제주 여자의 영혼을 몸국이 따뜻하게 덥혀주고 있다는 느낌, 바로 이런 게 소울푸드라는 생각. 몸국을 다 비우고 나자 다시 거친 생존의 바다를 향해 나아갈 용기가 생겼다. 들어올 때와는 딴판으로 활기차게 손을 흔들며 나가는 손님을 보면서 주인은 짐작이나 했을까. 자기네 음식이 한 여자의 영혼을 위로했음을.

올레꾼들에게도 몸국 맛을!

고향 서귀포로 돌아온 이후 몸국 잘하는 집을 찾았지만, 뜻밖에도 몸국을 파는 식당이 드물었다. 경조사나 마을 잔치 때마다 아직도 몸국을 내놓는 풍습이 유지되고 있어서 굳이 외식 메뉴로 찾지 않거니와, 돼지를 통째로 잡아 가마솥에 오래오래 끓여내지 않으면 제맛을 내기 어렵다는 이유에서였다. 못내 아쉬웠다.

2008년 8코스 개장 행사를 앞두고 마을 부녀회에 몸국을 만들어서 올레꾼들의 점심으로 팔아달라고 부탁했다. 부녀회장이 고개를 가로저었다.

"아고 육지 사람들이 몸국 먹어지쿠광. 안 먹어보난 못 먹을 건디."

몸국을 처음 맛본 육지 사람들도 아주 좋아했다는 이야기를 들려주면서 신신당부했다.

"대신 기름기만 잘 걷어내고 좋은 몰망만 써줍서."

몸국은 돼지국물을 베이스로 한 음식이니만큼 채식주의자들을 위해서는 빙떡(메밀가루 반죽을 얇게 편 뒤에 무채를 소로 넣어 부친 제주식 전병)을 준비하기로 했다.

개장 행사 날, 코스에 대한 반응보다 몸국에 대한 반응이 더 궁금했다. 미리 고지한 대로 채식주의자들을 뺀, 600명 남짓한 올레꾼들이 점심 식권을 구입했다. 대부분이 육지에서 온 올레꾼이라 몸국을 처음 먹어보는 이들이 태반이었다. 그들의 반응은 뜨거웠다.

"처음 먹는 맛인데 이 나물은 뭐예요?"

"나물이 아니라 몰망이라는 해초예요."

"돼지국물이라는데 느끼하지 않고 구수하네요."

"제주산 돼지가 원래 맛있잖아요. 게다가 해초까지 들어가니까 잡내가 없지요."

"돼지고기에 해초라…… 참 특이한 조합이네요."

"육군과 해군의 만남인 셈이죠."

얼마 전부터 몸국을 즐길 기회가 더 생겼다. 정방동 청년회와 부녀회가 합동으로 이중섭미술관(올레 6코스) 마당에서 해마다 복사꽃이 절정에 이를 즈음, '복사꽃이 돗국물에 빠진 날'이라는 주제로 몸국 파티를 열기로 한 것이다. 2011년 4월 첫 잔치 때에는 지나가던 올레꾼들이 제대로 끓인 몸국을 맛보는 행운을 누렸다. 당신도 복사꽃이 흐드러지게 핀 어느 봄날 이중섭거리를 지나다 보면 그런 행운을 누리게 될지도 모른다.

보신탕, 그 굴곡진 역사

한국 사회에서 보신탕만큼 논란이 많은 음식이 또 있을까. 애호가들은 맛으로나 영양으로나 이만한 음식이 없다고 열렬히 찬양하고, 반대론자들은 비인간적인 먹을거리이자 '국격國格'을 떨어뜨리는 먹을거리라며 창피해한다. 또한 분단의 세월이 길어지면서 먹을거리조차 단절성이 높은 남북이 보기 드물게 동시에 즐기는 음식이기도 하다.

보신탕만큼 남녀의 차이가 두드러진 음식도 드물 것이다. 보신탕 애호가들 대부분이 남성인데, 아마 '정력에 좋다'는 속설 때문이 아닌

지친
영혼을
달래다

가 싶다. 보신탕집에 가보면 서빙하는 아주머니들 외에는 여자들을 보기 어렵다. 낯선 음식에 대해 무한한 호기심을 발휘하면서도 '몬도가네' 음식은(세상은 넓고 먹을거리는 많은데 이런 것까지 먹어야 하나 싶어서) 되도록 멀리하는 내가 보신탕에 입문하게 된 것은 순전히 직장에서 살아남기 위해서였다.

대학을 졸업하고도 '시위 전력' 때문에 프리랜서 기고가로 떠돌다가 처음 정규직으로 입사한 곳은 월간지 〈마당〉. 첨예한 이념성을 드러내지 않으면서도 나름 뚜렷한 사회의식을 담아낸 잡지라 적지 않은 마니아 독자층을 거느린 매체였다. 고정적인 월급을 받으면서 소녀 시절부터 꿈꾸던 기자가 된 만큼 몸을 갈아서 열심히 하겠노라 결심했다.

현실적인 장애물은 취재나 기사 작성이 아닌, 엉뚱한 지점에 있었다. 당시 편집장은 자타가 공인하는 보신탕 마니아였다. 사시사철 보신탕을 즐기는데다 여름철이 되면 거의 날마다 후배들을 대동하고 보신탕집을 찾는다고 누군가 귀뜸했다. 그래서 못 견디고 나간 여기자도 여럿 있었다고 은근히 공포감까지 조성했다.

설마 그럴까, 했는데 사실이었다. 입사한 지 보름 만에 마감 국면을 맞아 기사를 쓰고 있는데, 편집장이 식사하러 가자고 권했다. '뭘 먹겠느냐'고 물어보지도 않고 그는 성큼성큼 앞장섰고, 쫄따구 넷이 줄

레줄레 따라나섰다. 그는 회사 근처 한 뒷골목으로 접어들더니 '영양탕'이라는 깃발이 펄럭이는 허름한 집으로 쑥 들어갔다. 마치 자기네 집이라도 되는 듯 자연스럽게. 보신탕을 좋아한다더니 영양탕이라는 것도 좋아하는구나, 생각하면서 따라 들어갔다.

그는 일행의 머릿수대로 주방에 대고 "탕 다섯, 소주 한 병!"이라고 외쳤다. 퍼뜩 이상한 예감이 들었다. 어릴 적 동네 보신탕집에서 풍기던 냄새와 너무도 흡사했다. 옆의 선배에게 귓속말로 물었다.

"혹시 보신탕집 아니에요?"

"몰랐어? 편집장님 단골집이야."

그날 나는 일행이 소주를 반주로 국물까지 후루룩 쩝쩝 맛있게 해치우는 동안, 맨밥에 깍두기만 우걱우걱 씹어야 했다. 다음날도 편집장은 예의 그 영양탕집으로 향했다. 이번에는 깍두기만으로 견딜 수 없어서 마지못해 국물을 한 숟갈 떠먹었다. 어라, 의외로 맛있었다. 다음날 편집장은 또 그 집으로 출근했고, 그날 나는 끝내 고기까지 섭취하게 되었다. 그는 3일 만에 개종한 나를 흐뭇하게 쳐다보면서 의기양양하게 '보신탕과 기자질'에 대해 설파했다.

"봐, 먹을 만하지? 조상 대대로 먹어온 음식이야. 먹는 거 가리면 기자질 못해. 뭐든 퍽퍽 먹어야지. 기자가 뭐 머리로 하는 직업인 줄 알아? 체력으로 버티는 노가다 업종이야. 잘 먹어야 한다고."

그 편집장 말마따나 언론이 노가다 직종이라 그런 걸까. 이후 〈마당〉을 거쳐 〈한국인〉, 〈시사저널〉로 점점 규모가 큰 언론사로 옮겼지만, 가는 곳마다 보신탕 마니아들이 포진하고 있었다. 그때마다 단골집이 바뀌었고, 가는 곳마다 양념이나 내놓는 야채 종류가 조금씩 달랐다. 냉면 마니아들처럼 보신탕 마니아들도 ××집이 낫다, 아니 ○○집이 더 낫다, 핏대를 올리기는 매한가지였다.

보신탕을 즐기는 장소도 다양하기 짝이 없었다. 도심 뒷골목에 비밀 아지트처럼 숨은 맛집에서, 시원한 물이 흐르는 계곡의 평상에서, 한적한 들녘 허름한 농가를 개조한 무허가 식당에서…… 그렇게 나는 시나브로 보신탕 애호가의 길로 접어들었다.

평민당 출입기자 시절 호남 출신 박석무 의원이 내게 조심스레 운을 뗐다.

"서 기자님 혹시 보신탕도 드실라나 모르겄소이."

난 내숭을 떨면서 대답했다.

"뭐, 기자 하려면 뭐든 먹어야 하니까요."

그는 반색하며 마포에 있는 '진짜 죽이는 보신탕집'으로 직행했다. 그는 기자들이 즐기는 탕이나 전골 대신 비싼 수육을 주문했다. 수육

은 처음이었지만 이미 개고기에 맛을 들인 터라 '불감청 고소원不敢請
固所願'이었다. 그날 나온 수육의 절반 이상을 먹어치우는 내게 그는 말
했다.

"아따 서 기자님 남편은 솔찬히 벌어선 안 되겠소 잉. 그 식성 감당
할라문 많이 벌어야제."

광복절에 저지른 '보신탕 난동사건'

'8·15 보신탕 사건'은 후배들에게 놀림거리로 두고두고 회자된 사
건이다. 2002년 당시 나는 '기자의 꽃'이라는 편집장이 되어 있었다. 편
집장이 되면 자신의 포부대로 일할 수 있어서 얼마나 좋을까 늘 상상
했는데, 정작 되고 보니 형극의 길이었다. 경영진은 내놓고 말은 안 하
지만 편집·판매·광고와 관련하여 은근히 간섭과 압박과 압력을 행사
했고, 후배들은 그런 내 사정도 모르고 제멋대로였다.(하기야 나도 그랬
으니 누굴 원망하랴. 다 선배들에게 보고 배운 대로 하는 것을!)

그해 광복절 전날 회사 대표가 나를 부르더니 내일 오전에 회의를
하고, 끝나고 나면 회식이나 하자고 말했다. 당혹스러웠다. 내일은 출
근하지 않아도 된다고 후배들에게 통보한 터였다. 일순 당혹스러웠지
만 솔직하게 실토했더니 대표는 약간 언짢은 표정으로 "그러면 간부들

만이라도 나와서 회의를 합시다"는 것이다. 간부는 뭐 사원이 아닌가, 속으로 구시렁댔다. 눈치를 챈 대표는 내게 솔깃한 제안을 내놓았다.

"휴일이니 회의는 간단하게 하고, 마침 복날인데 보신탕이나 먹으러 갑시다."

문제는 정작 다음날 출근하고 나서였다. 회의가 거의 끝나갈 무렵 대표가 내 눈치를 슬슬 보면서 운을 뗐다.

"고문께서 보신탕을 안 드시는 걸 깜빡했는데…… 보신탕 대신 날씨도 더운데 시원한 모리소바 어때요?"

이건 또 뭐람. 오로지 보신탕 먹을 기대 하나로 아침부터 땡볕이 내리쬐는 공휴일에 텅텅 빈 지하철을 타고 회사로 나왔건만, 기껏 메밀국수로 때우시겠다고라? 흥분을 가라앉히려고 일부러 목소리를 쫙 깔면서 한마디 했다.

"그 집엔 삼계탕도 되니까 고문님은 삼계탕 드시면 되죠 뭐."

문제의 고문이 얄밉게 가로막고 나섰다.

"날도 더운데 뭔 삼계탕. 그냥 시원하게 모리소바 먹자고."

자못 진지하게 사회 현안과 사내 현안을 다루던 회의가 갑자기 점심 메뉴 선정 문제로 옮겨갔다. 더 이상 왈가왈부하기 싫어서 '급한 전화를 받을 데가 있다'며 자리를 떴다. 장소가 결정되면 알려달라는 협

박성 멘트와 함께.

아래층 편집국으로 내려왔지만 생각할수록 점점 열이 뻗쳤다. 이건 명백한 약속 파기였다. 메밀국수는 내가 무척 즐기는 음식이었지만 (대표도 그걸 잘 안다!) 복날 보신탕을 먹는 것과는 다른 문제다. 같은 음식도 즐길 시점이 따로 있는 법. 광복절에 모리소바는 또 뭐냔 말이다.

자리에서 벌떡 일어나 사무실 여기저기를 쿵쾅거리며 돌아다니는데 한 후배가 조심스레 물었다.

"점심식사 어디로 가요?"

위층에서 벌어진 일을 까맣게 모르는 후배의 질문이 마침내 내 가스통을 폭발시키는 불쏘시개가 되고 말았다.

"몰랏! 내가 알 게 뭐야. 치, 보신탕을 먹자더니 모리소바나 먹자고? 다른 때도 아니고 광복절에 출근시켜놓고서!"

책상 앞 칸막이를 발로 탕탕 걷어차면서 길길이 날뛰었다.

이 광경을 지켜보던 후배들의 표정이 갑자기 굳어지는 걸 느끼는 순간. 뒤를 홱 돌아봤더니 아뿔싸, 대표가 편집국 입구에 장승처럼 못 박힌 채 서 있었다. 편집국 전체에 정적이 흘렀다. 투항이냐 저항이냐, 둘 중 하나를 택해야 하는 절체절명의 순간이었다. 나는 젖 먹던 힘을 다해 외쳤다.

지친
*
영혼을
*
달래다

"전 소바가 싫어요!"

그날 우리는 여자 편집장의 난동에 놀란 대표가 중재안으로 제안한 한정식집에서 2만 원짜리 정식을 먹었다. 보신탕의 두 배, 모리소바의 네 배나 되는 비싼 한정식이었지만 모래알을 씹는 기분이었다. 좌중의 누구도 아까 벌어진 일을 입에 올리지 않은 채 겉도는 이야기만 나눈 '내 인생 최악의 오찬'이었다. 그 뒤 후배들은 걸핏하면 날 놀려댔다.

"이승복의 '공산당이 싫어요' 이후 최고의 명대사였어요."

"그럼, 광복절에 일본 모리소바는 좀 그렇지."

"보신탕 하나 때문에 윗사람 앞에서 난동 부린 사람은 드물 걸. 그것도 여자가."

그렇듯 좋아하던 보신탕을 고향으로 돌아온 뒤로는 먹지 않는다. 제주엔 싸고 싱싱한 먹을거리도 많은데 구태여 값도 만만찮고, 많은 이들이 싫어하는 음식을 찾아서 먹을 필요가 있나 싶어서다. 그래도 1년에 두어 차례 제주올레 탐사팀과 보신탕 회식을 갖는다.

"올레 탐사는 머리로 하는 게 아니야. 오로지 시간과 땀방울을 바쳐야 하는 노가다 일이야. 힘을 쓰려면 가끔 보신탕을 먹어줘야 해."

왕년에 누군가 했던 대사를 리메이크하면서.

먹는 취향도 제각각, 정치판의 탐식 앞에 서다

1990년, 3당 합당의 쓰나미를 타고 엉겁결에 정치부 기자로 발령이 났다. 지금은 정치부에 여기자가 무척 많아져서 가끔씩 텔레비전 화면에 비치는 정당 기자회견을 보면 절반 가까이 되어 보인다. 하지만 당시 정치권을 취재하는 여기자는 '희귀동물' 수준이었다. 출입처 기자실에는 남자기자들이 퍼질러 앉아 고스톱을 치거나 바둑을 두고 있어 갈 곳이 마땅치 않았다. 내 뒤통수에 대고 "저 여자 누구야?" 묻는 당직자도 있었다.

지친
영혼을
달래다

입술을 앙다문 고군분투 끝에 어느 정도 자리를 잡은 것은 그로부터 이삼 년 뒤. 당시 평민당 총재인 DJ가 내 인터뷰 기사를 공개석상에서 칭찬할 정도였다.(깔때기 작렬^^) 정당끼리, 계파 간, 지역구별로 치열한 암투가 벌어지는 정치판을 취재하려면 공식 브리핑이나 발표만으로는 어림도 없었다. 정국 해설이나 판세 분석을 하려면 유력한 정치인을 얼마나 자주, 민감한 시기에 만나 그 속내를 듣고 속사정을 알아내는가가 관건이었다. 그러려면 술자리, 밥자리에 끼어드는 수밖에 없었다. 아침마다 계파 보스급 정치인의 집에 '마와리'를 도는 것도 당시 관행적인 취재방식 중 하나여서, 꼭두새벽부터 오밤중까지 부지런히 발품을 팔면서 위장을 혹사해야 했다.

DJ는 소식을 즐겼다?

오랫동안 정치판을 드나들다 보니 계파별로 다른 식습관이 눈에 들어왔다. 동교동 사람들은 너나없이 대부분 미식가였다. 그들이 즐겨 찾는 음식점은 그날 모임의 성격이나 물주의 주머니 사정에 따라 제법 격식을 갖춘 요정, 반찬접시가 겹쳐질 정도로 가짓수가 많은 한정식집, 소박한 밥집 등 제각각이었다. 하지만 한 가지 공통점이 있었으니 반드시 '호남 음식'을 내놓는 집이었다.

그들에게 이끌려서 눈이 아릴 정도로 푹 삭힌 홍어찜, 홍어회와 묵은지와 삼겹살의 앙상블인 홍어 삼합, 한 숟갈 푹 떠넣었다가 입천장을 델 뻔한 매생이국, 입안에서 살살 녹는 떡갈비를 처음 맛보았다. 식사 중간중간에 그들은 그 음식에 얽힌 사연, 만드는 법, 서울 장안에 그 음식을 가장 잘하는 곳 등등을 구수하게 풀어놓았다. 남쪽 바닷가 출신인 한 국회의원은 고향 사람들이 매생이를 어떻게 채취했는지, 매생이가 추운 겨울날 가난한 어민들의 뱃속을 얼마나 따뜻하게 덥혔는지를 들려주기도 했다.

고향 음식에 대한 호남 사람들의 집착에 가까운 애정을 새삼 확인한 건 1990년대 중반 목포 신안비치호텔에서였다. 국회의원 선거 정당연설회가 끝나고 난 뒤 DJ 일행을 환영하는 지역 정재계 인사들의 만찬이 성대하게 열렸다. 지역 최고의 호텔답게 테이블에는 육해공군을 망라하는 산해진미가 등장했다. 한데 도중에 난데없이 이상한 냄새가 코를 찌르고 좌중에서 환호성과 요란한 박수가 터져나왔다. 지역의 모 인사가 미리 준비해놓은 '제대로 삭쿤 홍어회'가 만찬 도중에 도착한 것이다.

좌중의 시선은 단연 홍어회로 집중되었고 다른 음식들은 찬밥 취급을 당했다. 아, 휘황한 샹들리에 불빛 아래 호화로운 연회장 구석구석에 퍼지는 치명적인 홍어 냄새…… 콤콤한 자리젓 냄새로 입덧을 한 방에 날려보낸 제주 여자가 아니었더라면 그들을 결코 이해하지 못했으리라. 긴긴 세월 탄압과 차별을 받아온 지역일수록 향토음식에 대한 애착도 끈끈한 법이다.

동교동의 상징 권력인 DJ는 호남 음식뿐만 아니라 모든 맛난 음식을 사랑하는 탐식가이자 대식가였다. 그의 동교동 자택에서 처음 식사를 한 건 지하 서재에서 단독 인터뷰를 끝내고 나서였다. 부엌일을 돕는 아주머니가 음식을 만들고 이희호 여사가 직접 식탁을 차렸다. 여느 중산층 가정의 메뉴와 크게 다를 바 없었지만, 굴비만큼은 좀체 맛보기 힘든 '명품'이었다.

그때까지만 해도 굴비에 관해 '그저 그런 생선에 육지 사람들은 지나치게 열광한다'는 다분히 냉소적인 시선을 견지하고 있었다. 내 입맛에는 옥도미구이가 훨씬 담백하고 고소했으므로. 그러나 그날 굴비에 대한 편견을 수정해야 했다. 시중에서 흔히 보는 굴비의 두 배도 넘는 크기에 담백하면서도 쫀득하고 깊이 있는 맛이었다. 속으로 생각했다.

'내가 이제껏 먹은 건 굴비가 아니었구나.'

굴비를 향한 조선 선비들의 오래된 상찬은 결코 과찬이 아니었음을 깨달았다. 반드시 싱싱한 생선만 맛있는 게 아니라 때로는 잘 말린 생선이 더 깊고 그윽한 풍미를 낸다는 것도.

    DJ와의 식사 약속은 대부분 외부에서 진행되었는데, 그는 중식당이나 호텔을 주로 이용했다. 가장 자주 만난 건 1992년 대통령 선거 패배 후 정계은퇴를 선언하고 영국에 다녀온 뒤 언론과의 접촉을 끊고 '신비주의 전략'으로 일관하던 과도기였다. 당시 나는 여기자의 취재 한계를 극복하기 위해 후배 여기자들과 부정기적인 모임을 꾸리고 있었다. 이 모임에 DJ를 끌어내달라는 후배들의 성화에 못 이겨 교섭에 나섰는데 뜻밖에도 DJ는 흔쾌하게 응했다. 오프 더 레코드(비보도)를 전제로 한 만남이고 여기자이니만큼 부담을 덜 느낀 듯했다.

    이 여사의 견제로 적절한 수준에서 숟가락을 놓는 자택에서와 달리 바깥 식사에서 DJ는 왕성한 식욕을 과시했다. 즐겨 찾는 서교호텔 중식당에서는 대여섯 가지 코스요리를 시켜 일일이 여기자들에게 설명하면서 권했다. 힐튼호텔에서는 외부의 시선을 피해 객실에서 식사를 했는데, 놀랍게도 중식, 일식, 한식이 총출동했다. 중식당에는 양장피를, 일식당에는 회와 초밥을, 한식당에는 갈비를 주문하는 식이었다.

    DJ가 그 모든 메뉴를 아주 맛있게 골고루 즐기기에 나도 모르게 "인터뷰에서는 소식小食을 즐긴다고 하셨는데 음식을 많이 드시는 것

지친
•
영혼을
•
달래다

같아요"라고 말해버리고 말았다. DJ는 정색을 하고 반박했다.

"저 대식가 아니에요. 여러분이 뭘 좋아하는지 몰라서 골고루 시킨 거지 저 많이 안 먹어요."

분위기는 썰렁해졌고 말을 꺼낸 나는 뻘쭘해졌다. 나중에 친한 비서가 내게 한소리를 했다. 맛난 음식 앞에서는 양을 조절하지 못해 이 여사에게 늘 잔소리를 듣는데 기자까지 그렇게 말하면 어떡하느냐고. 미식과 탐식 사이에서 DJ는 늘 갈등했던 게 아닐까, 싶다.

정치부 기자 시절은 내 월급으론 언감생심 꿈도 못 꿀 비싸고 귀한 음식을 마음껏 맛본 때였다. 그러나 진정한 식도락으로 치자면 그리 행복한 시절은 아니었다. 음식을 먹으면서도 촉각은 온통 정치인이 무심결에, 혹은 술에 취해서 흘리는 말 한마디를 새겨듣느라 곤두서 있었다. 심지어 까먹을까봐 회식 도중 화장실에 숨어서 주머니 속 메모지를 꺼내 급하게 휘갈겨 적은 뒤 시침을 뚝 떼고 자리로 돌아오기도 했다. 그러니 맛을 느낄 여유가 어디 있었으랴.

정치인들과의 만찬이나 술자리를 끝내고 돌아오는 길은 늘 헛헛하고 이상하게도 배가 고팠다. 집 근처 포장마차에 들러 뜨끈한 우동 한 그릇이나 호텔 뒷골목에서 라면 한 그릇을 먹어야 허기가 진정되었다. 역시 내 돈 내고 맘 맞는 사람들과 맘 편하게 먹는 밥이 최고라는 진리를 새삼 깨달은 시절이기도 했다.

밥맛없는 사람과의 식사 자리를 극력 피하는 고질적인 버릇은 이때부터 생겨났다. 같은 회사에 15년 가까이 일하면서 한 번도 개인적으로 식사를 하지 않은 동료가 절반도 넘었다. 뒷전에서 비난하는 걸 알았지만, 혼자 밥을 먹을지언정 의무적으로 마지못해 함께 식사하지는 않았다. 식사시간이야말로 가장 행복한 순간이며, 자신을 위로하는 순간이어야 한다고 믿었기에.

'빨리 많이'에서
'천천히 적게'로

사십대 중반까지 나는 소문난 대식가이자 빠르게 먹기로 명성이 자자했다. 그도 그럴 것이 어린 시절 축구선수, 씨름선수라서 먹성이 좋은 두 남동생과 항상 밥상에서 경쟁을 해야 했기 때문이다. 밥과 국, 그리고 아주 특별한 음식은 따로 차려주지만 찌개와 공용 반찬은 빨리 먹는 게 장땡이었다. 난 아버지의 특별한 비호 아래 남녀 차별을 받아본 적이 없기에(여성 우대는 많이 받았지만) 먹는 데서도 남동생들과의 차이를 인정하기 싫어했다.

내숭을 떨면서 '깨작깨작' 먹는 여자들은 영 밥맛없었다. 그들 앞에서 보란 듯이 퍽퍽 먹어대는 게 나름의 정체성 표현방식이었다. 난 니네완 달라, 하는. 대학 1학년 어느 날, 함께 자취하는 친구가 집에 돌아오자마자 식빵 한 줄을 게 눈 감추듯 먹어치웠다. 예쁘장하고 날씬해서 남학생에게 인기가 많은 친구였다.

"남학생이 애프터로 밥도 안 사주디?"

"분식점에서 통만두 시켜서 세 개밖에 안 먹어서 그래."

"왜? 그렇게 맛이 없디?"

"얘, 남자 앞에서 어떻게 다 먹니? 우아하게 남겨야지."

"허걱……."

난 그 친구처럼 남학생들 앞에서 적게 먹는 것처럼 위장하기는커녕 여자끼리 먹을 때보다 항상 '오버'해서 먹었다. 난 먹는 데에서도 남자에게 안 밀려, 시위라도 하듯이.

직장 생활에서도 그런 버릇은 줄곧 이어졌다. 남자 동료들은 일욕심 못지않게 식탐도 많은 나를 두려워했다. 식당 아주머니들도 자기네 집 음식을 맛있게 먹어치우는 내게 감동한 나머지, 뭔가 떨어질 만하면 잽싸게 더 내주곤 했다. 후배들은 "선배 따라다니면 뭐가 나와도 더 나온다니까" 좋아라 했다.

지친
・
영혼을
・
달래다

한번은 회사 옆 단골 중국집에 가서 음식을 시켰는데 새로 온 종업원이 남자 후배 앞에는 짜장면 곱빼기를, 내 앞에는 보통 짜장면 그릇을 내려놓았다.

"아니, 곱빼기는 제가 시켰는데요."

종업원은 후배와 나를 번갈아 쳐다보더니 그릇을 바꿔놓은 뒤 주방으로 갈 때까지 고개를 갸웃거렸다. 후배가 킬킬댔다.

"아마 짜장면 곱빼기 먹는 여자는 첨 봤을 걸요. 체구도 작은 여자가."

너무 많이 먹으니까 몸이 무거워질 수밖에

식신의 세계에서 '자뻑'에 빠져 살던 내게 충격파가 연이어 덮쳐온 건 2002년 무렵이었다. 어느 날 편집국으로 예쁘고 단정한 필체의 엽서 한 장이 날아들었다. 사연인즉 자기는 '보따리장수'로 전국 방방곡곡을 돌아다니는데 고속버스 터미널 가판대에 놓인 〈시사저널〉 표지가 언젠가부터 자주 눈길을 끌어서 사보는데 맨 앞에 등장하는 '편집장의 편지'가 아주 맘에 들더라, 같은 여자라서 더 뿌듯하더라, 는 이른바 팬레터였다. 흐뭇한 마음으로 읽어 내려가다가 맨 끝에 적힌 이름을 보고선 내 눈을 의심했다. '오한숙희 올림'. 방송에서도 자주 보고 그녀가 쓴 책도 여러 권 읽었는데, 정녕 그녀가 보낸 엽서란 말인가.

그로부터 한 달쯤 지났을까. 마감을 끝내고 모처럼 한가해서 미장원에서 파마를 하고 있는데 전화벨이 울렸다. 낭랑한 목소리로 "저 오한숙희예요. 얼마 전에 엽서 보낸……"이라고 말했다. 한의사 이유명호 선배를 만나 수다를 떨다가 내 이야기가 나왔고, 내친김에 한번 만나보자고 무작정 우리 회사를 찾아왔단다. 마침 파마가 끝날 즈음이라서 기다리라고 해놓고 허겁지겁 회사로 돌아왔다.

저녁시간이 얼추 돼가는 시간이라 밥이나 먹자고 했더니 두 여자는 기다렸다는 듯 냉큼 따라나섰다. 무얼 좋아하느냐고 묻지도 않고 내가 좋아하는 고깃집으로 데려갔다.(세 명이라 일단 3인분을 주문했다. 훗날 알고 보니 오한숙희는 거의 고기를 입에 안 대는 체질이고, 이유명호는 고기를 좋아하지만 의학적인 견지에서 매우 자제하는 입장이었다!)

처음 만나는데도 방송이나 지면으로 서로의 존재를 알았고, 대한민국에서 '여자'로서 사회생활을 해나가는 동병상련의 처지인지라, 금세 맘이 통했다. 끝없는 수다판이 펼쳐졌다. 주로 오한숙희가 떠들고, 이유명호는 보충 발언을 하고, 나는 불판 위의 고기가 익는 족족 집어 먹으면서 '그래 맞아' 호응하는 패턴으로.

"저만 먹는 것 같네요. 좀 드세요" 연신 권했지만 그들은 먹기보다는 수다에 더 열중했다.

이유명호 선배를 다시 조우한 건 뷔페를 먹는 의례적인 모임에서였다. 접시를 들고 나란히 음식을 집으면서 "이유 없이 체중이 자꾸 불어서 죽겠어요. 몸이 자꾸 축축 처지는데 혹 무슨 병이 있는 건 아닐까요?" 물었다. 실제로 그 무렵 난 이전과 달리 만성피로와 무기력증에 시달리고 있었다. 아침마다 눈을 뜨기 힘들어 징징대고, 오후에는 눈알이 쏟아져 내릴 듯했고, 집으로 돌아가는 마지막 전철이나 택시 안에서는 시체처럼 너부러지곤 했다.

훗날 이유명호의 회고에 따르면 내 말을 듣고 '기가 막히고 코가 막히'더란다. 처음 만난 자리에서 고기 3인분을 거의 혼자서 폭풍 흡입하는 장관을 목격한 자기에게 '이유 없이 살찐다'고 호소했으니 그럴 수밖에. 그녀는 내 팔뚝을 만져보더니 정색을 하고 조언했다.

"명숙 씨, 한 달 전보다도 더 살쪘네. 그러니 몸이 무겁지. 나이가 들수록 몸은 에너지를 덜 소비하니까 덜 먹고 더 많이 움직여야 해. 지난번 보니까 정말 무섭게 먹더라."

아아, 지난 20여 년 동안 점심, 저녁, 술자리를 무수히 함께한 동료들 중 내게 너무 많이 먹는다고, 예전보다 살이 쪘다고 '불편한 진실'을 말해준 이는 없었다. 그저 서 선배는 참 잘 먹는다고, 아직은 보기 괜찮다고, 듣기 좋은 이야기만 했을 뿐. 심지어 식당 아주머니들은 부족한 반찬을 더 챙겨주면서 "서 국장은 참 맛나게 먹어서 복도 많겠어" 덕담을 건네지 않았던가. 한데 복은커녕 벌을 받게 생겼으니.

빨리 먹으면 많이 먹게 되고 흘리는 법

먹는 양을 줄이기로 단단히 결심했다. 그러나 그게 말처럼 쉽지 않았다. 먹다 보면 어느새 그릇이 비어 있고, 집다 보면 순식간에 고기 1인분이 위장에 들어가 있었다. 절식하는 인간은 따로 있나 보다, 살던 대로 살다 가지 뭐, 세상이 스트레스 천지인데 먹는 것조차 맘대로 못 먹는 스트레스까지 받을 필요 있나, 갖가지 핑계로 자신을 합리화했다.

그러던 중에 외국 생활을 오래한 언론계 선배와 식사를 할 기회가 있었다. 뭔가를 집어먹다가 그만 옷자락에 흘리고 말았다. 직장에서는 늘 있는 일이었다. 짜장면을 먹으면 까만색 짜장면 면발, 부대찌개를 먹으면 뻘건 부대찌개 국물을 옷에 흘리곤 해서 '옷을 보면 그날 먹은 메뉴를 알 수 있다'고 동료들이 놀려댈 정도였다.

당황한 나머지 "제가 원래 좀 덜렁대서요" 둘러댔다. 소탈해서 그렇다는 식으로 위기를 모면하려 한 것이다. 그러나 그 선배는 대충 넘어가지 않았다.

"젓가락으로 한꺼번에 많이 집으면 음식물을 떨어뜨리게 마련이지요. 한국 사람들이 대개 그래요."

누가 언론인 아니랄까봐, 자긴 한국 사람 아닌가, 은근히 반발심이 일었다.

그러나 집에 돌아와 곰곰 생각해보니 내 젓가락질이 유난히 빠르고 늘 집는 양이 많았다는 자각이 들었다. 어릴 적 운동신경이 빠르고 먹성 좋은 남동생들에게 밀리지 않으려고 필사적으로 몸부림치면서 몸에 붙은 습관이었다. 결코 털털하거나 덜렁대서 생기는 일이 아니었다.

그날 이후 난 의식적으로 음식물을 적게 집는 습관을 들이려고 무진 애를 썼다. 그러다 보니 천천히 먹게 되었고, 천천히 먹다 보니 평소보다 적은 양으로도 배가 부르다는 사실을 알게 되었다. 의학적으로는 음식물이 몸에 들어왔다는 정보가 뇌에 전달되는 데 시간이 걸리므로 빨리 먹으면 많이 먹어도 포만감을 느끼지 못하고, 천천히 먹으면 그 반대라는 설명이 뒤따른다. 그러나 어떤 지식도 스스로 꾸준히, 오랫동안 실천해보지 않으면 '죽은 지식'에 지나지 않는다.

천천히 조금씩 먹기 시작하자 예기치 않은 선물이 뒤따라왔다. 음식 맛을 제대로 느낄 수 있게 된 것이다. 빨리 많이 먹을 때에는 입으로 들어가자마자 목구멍에서 잡아당기는 바람에 혓속에서 맛을 찬찬히 음미할 기회가 없었다. 배가 부르다 싶을 때는 이미 숨 쉬기도 힘들 만큼 배가 불러서 식사의 즐거움보다는 고통을 더 많이 느껴야 했다.

그러나 천천히 먹다 보니 과정을 충분히 음미할 수 있고, 먹고 난 뒤에도 느긋한 만족감을 느끼게 되었다. 빠르게 걸으면 아름다운 경치를 속속들이 감상할 수 없듯이, 빨리 먹으면 섬세한 맛의 세계를 제대로 음미할 수 없는 법이다.

맵고 짠맛에서
•
소박하고 담담한 맛으로

　오랫동안 다니던 회사와 25년 벗 삼아오던 담배를 거의 동시에 끊은 뒤부터 내 식생활에 커다란 변화가 생겼다. 맵고 짭짤하고 자극성 있는 음식에서 담백하고 수수하고 씁쓸한 맛을 내는 음식으로. 기호가 바뀐 것이다.
　어린 시절 함경도 출신 아버지의 영향 탓인지 나는 유난히 매운 것을 즐겼다. 매운 낙지볶음, 매운 비빔냉면, 매운 닭발 등등. 날이 흐리고 기분조차 다운된 날에는 어김없이 매운 음식이 생각났다. 그럴 때마다 "야, 기분도 꿀꿀한데 매운 낙지나 먹으러 갈까" 후배들을 꼬셨다. 이마에 땀이 송골송골 맺힐 정도로 매운 음식을 혓바닥 얼얼하게 먹고 나면, 세상과 다시 맞짱 뜰 기운이 생기는 듯했다.

우리가 잘 다니던 광화문 뒷골목 '이강순 실비집'이나 '막내낙지'집은 거의 통각을 마비시키는 수준이었다. 후배 문정우는 내가 낙지를 먹으러 가자고 꼬실 때마다 "아, 먹을 때는 그럭저럭 견딜 만한데 담날 똥구멍이 다 찢어진다니까" 엄살을 떨었다.

김훈 선배는 매운 맛에서 한 급 아래인 '유정낙지'에서도 낙지를 맹물에 살짝 헹궈 먹어서 나의 비웃음을 사기도 했다. 나는 '막내낙지'집에서 마지막 남은 매운 양념을 숟갈로 마저 퍼먹어서 주위 사람들을 경악시켰다. 돌이켜보면 산전 수전 공중전 백병전을 치러야 하는 고달픈 언론사 생활인지라 더 매운 걸 즐겼던 건 아닐까, 싶다. 이열치열이라고나 할까.

재료의 풍미를 살리고 양념을 절제하는 우리옥의 내공

담담하면서도 편안한 맛의 세계로 이끌어준 이는 한의사 이유명호였다. 〈몸을 살리는 다이어트 여행〉의 저자인 그녀는 백반 예찬론자였다. 그녀는 틈만 나면 집에서 해먹기 힘든 갖가지 채소 반찬과 생선구이와 찌개나 국을 그렇듯 착한 가격으로 고루 먹을 수 있다는 것에 감사해야 한다, 대한민국의 밥집 아줌마들은 죄다 훈장을 받아야 한다고 역설했다.

맛난 백반집을 새로이 발굴하면 주위 사람들을 죄다 끌고 가서 먹이지 못해 안달하는 그녀지만, 가장 오랜 단골집은 강화 읍내 중앙시장 뒷골목의 '우리옥'이었다. 강화도에 텃밭 딸린 조그만 농가 주택을 사들여, 콧바람을 쐬기 위해 주말마다 드나드는 그녀에게 우리옥은 구세주 같은 존재였다. 미식가인 아버지가 강화도 낚시여행을 다니면서 40여 년 전에 인연을 맺은 식당인데, 오랜 세월 변치 않는 맛을 간직한 참 좋은 밥집이란다.

처음에만 해도 자극성 강한 음식에 길들여진 내 입맛에는 다소 슴슴하고 감칠맛이 덜한 것 같았다. 내 반응을 눈치 챈 그녀는 반찬 한 가지 한 가지를 구구절절 설명했다. 이 순무김치는 주인아주머니가 텃밭에서 직접 가꾼 것인데 향을 살리기 위해 양념을 세게 하지 않았다, 이 집에서 내놓는 자잘한 굴은 크기만 크지 맛은 밍밍한 양식 굴이 아니라 강화 갯바위에서 일일이 손으로 딴 자연산 굴이다, 이 무국만 해도 좋은 한우에 제대로 담근 조선간장만으로 간을 한 것이다 등등.

설명을 듣고 난 뒤 찬찬히 음미해보니 순무김치에는 쌉싸름한 순무 향과 아삭아삭한 식감이 고스란히 살아 있고, 자잘한 굴은 바다 내음을 진하게 품고 있으며, 무국은 무와 쇠고기만으로 깊고 그윽한 조화를 이루고 있었다. 니코틴에 절어 혀의 미세한 감각이 마비된 흡연자 시절에 우리옥 음식을 만났더라면, 그 미덕을 제대로 느끼지 못했을는지도 모른다. 양념을 절제함으로써 재료의 맛을 최대한 끌어낸 깊은 내공을.

사람이 자신이 만든 음식을 닮아가는가, 아니면 음식이 만든 사람을 닮아가는가. 우리옥 주인 할머니는 도시의 '욕쟁이' 할머니 계보와는 달리 늘 보살 같은 표정으로 손님을 맞았다. 과도한 친절도 무뚝뚝함도 아닌, 온돌처럼 미지근하지만 오래도록 따뜻했다. 얼추 반찬이 떨어진다 싶으면 말없이 몇 가지 더 내놓거나, 막 버무린 겉절이를 내오는 식으로 단골 대접을 하곤 했다.

바쁜 와중에도 짬만 나면 책과 신문을 탐독하는 할머니는 우리가 나온 짤막한 신문 기사를 읽고 반가워하는가 하면, 우리가 쓴 책을 미리 읽고 궁금한 점을 물어보곤 했다. 아침마다 맷돌로 콩을 갈아 두부를 만들고 농사일을 도맡아 해주는 할아버지가 늘 함께해서일까. 우리옥 쥔장에게는 '욕쟁이' 할머니들에게서 엿보이는 한이나 고단함 대신

푸근함과 편안함이 배어 있었다.

　오랜만에 강화로 놀러가는 길에 우리옥에 들렀더니 할머니가 펄쩍 뛸 듯이 반색했다. 신문, 방송에서 '제주올레' 소식을 듣고 제 일처럼 반갑고 고맙고 기뻤다면서. "수많은 사람들이 걸으면서 건강을 되찾고 있으니 얼마나 훌륭한 일인가" 거듭 감탄조로 말씀하시기에 "할머니야말로 수십 년 제대로 만든 음식으로 얼마나 많은 사람들의 건강을 챙겨주셨는걸요"라고 대답했다.

　의례적인 인사가 아니라 내 진심이었다. 그러나 할머니는 "나야 밥이나 해서 파는 사람인데요 뭘" 펄쩍 손사래를 쳤다.

　"밥이나라니요. 옛말도 있잖아요. 살아생전 남에게 밥을 많이 해 먹인 사람은 죽어서도 극락에 간다고요."

　할머니는 예의 보살 같은 미소를 지었다.

　제주로 돌아온 뒤, 집으로 엄청난 부피의 택배가 왔다. 풀어보니 아이스박스가 두 개, 열어보니 순무김치였다. 우리옥에서 보낸 게 틀림없었다. 우리옥으로 전화를 걸었더니 할머니 말씀이, 그날 순무를 하도 맛있게 먹기에 명호 언니에게 살짝 주소를 물어봤단다. 한꺼번에 너무 많이 보내면 시어져서 조금만 보냈으니 떨어지면 연락을 달란다. 주위 사람들에게 맛보라고 나눠주고도, 우리 집에서는 그 많은 순무김치를 먹느라 속이 다 쓰릴 지경이었다. 바다 건너서 순무김치를 보내주신 그 마음만은 다디달았지만.

- 3부 -

세상은 넓고 먹을 건 많더라

산티아고 길,
두려움과 설렘 가득한
첫걸음

"생 장 피에 드 포르……."

얼마나 꿈꾸던 이름이던가. 비음이 살짝 섞인 기차 안 안내방송에 가슴이 두근거렸다. 드디어 3년 넘게 꿈꿔왔던 산티아고 길의 시작 마을에 도착했다. 그 모든 반대와 만류를 무릅쓰고, 출발 직전에 여권까지 잃어버리는 불운을 딛고, 마침내 이곳에 온 것이다.

산티아고 협회에 들러서 여행자 증명서를 발급받고 협회 측이 지정해준 알베르게(도보여행자 전용 숙소)에 여장을 푼 다음 슬슬 마을 산책에 나섰다. 동화 속 마을처럼 아담하고 앙증맞고 깜찍한 곳이었다. 마을 레스토랑과 카페에는 관광객과 도보여행자들이 유쾌한 표정으로 무언가를 먹거나 마시면서 쏟아지는 햇살을 즐기고 있었다. 천국 입구에 마을이 있다면 이런 정경이 아닐까, 싶을 만큼 여유로운 평화가 마을 전체를 휘감고 있었다.

마을을 한 바퀴 둘러본 다음, 뉘엿뉘엿 해가 질 무렵 눈여겨봐둔 레스토랑에 들어가 테라스 테이블을 달라고 요청했다. 다행히도 나를 위한 자리가 남아 있었다. 순례자 메뉴(증명서를 제시하면 일반인보다 싼 가격에 제공되는) 중 생선요리와 화이트와인 한 잔을 주문했다. 800킬로미터를 무거운 배낭을 메고 한 달 이상 걸어야 하고, 길 위에서는 기껏해야 딱딱한 바게트 샌드위치나 또르띠야(스페인식 오믈렛)로 때워야 하는 고달픈 여정이 기다린다. 출발 전에 내게 근사한 만찬을 선물하고 싶었다.

마을은 피레네 산맥 자락에 자리 잡았고, 식당은 피레네가 가장 잘 조망되는 곳에 위치하고 있었다. 음식을 기다리는 동안 사방이 불그레하게 물드는가 싶더니 해가 새빨갛게 타올랐다. 붉은 해는 조금씩 산 너머로 이울기 시작했고, 황금색 화이트와인마저 발갛게 물들였다. 쉰 살 내 인생에서 가장 아름다운 노을이자 가장 맛있는 와인이었다.

메인 디시인 가자미 요리는 환상적인 맛이었다. 생선도 아주 신선했고, 그릴된 생선을 살짝 덮은 소스는 생선 맛을 더욱 풍부하게 만들어주었다. 하얀 가자미살 한 점에 와인 한 모금을 홀짝거리면서, 이곳에 오기를 참 잘했다고 생각했다. 주위에서는 둘이서 다정하게, 혹은 여럿이서 왁자지껄하게 식사하는데도 외롭다는 생각은 들지 않았다. 앞으로 걷게 될 산티아고 길에 대한 설렘과 두려움을 오롯이 혼자서 침묵 속에서 마음 깊이 아로새길 수 있어서 더 행복한 기분이었다.

그날 가자미 요리와 와인의 맛이 절대적인 기준에서 최고급은 아니었을지 모른다. 그러나 음식이나 술은 누구와, 어떤 상황에서 먹고 마시는가에 따라 그 맛을 달리한다. 7성급 호텔의 수십만 원짜리 코스 요리와 수백만 원짜리 와인도 불편한 자리에서 거북한 상대와 먹고 마신다면 모래알을 씹는 기분이 들 것이다. 하지만 사랑하는 연인과 함께라면 분식점의 라면 한 그릇이나 포장마차 소주도 성대한 만찬이요, 다디단 묘약일 터. 2006년 9월 10일 생 장 피에 드 포르Saint Jean Pied de Port 마을에서의 저녁이 내 인생 최고의 만찬이 된 것도 그날의 특별함 때문이었다.

바게트 샌드위치로 즐기는 풀밭 위의 점심식사

그렇게 출발한 산티아고 길이건만 이후부터는 소박하고 거친 식사로 일관했다. 식사랄 것도 없이, 온종일 걷느라고 주린 배를 채우는 수준이라고나 할까. 출발 전 마을 빵집에서 구입한 기다란 바게트를 두세 번에 나누어 씹어 먹든가, 지나가는 길 위의 바(bar : 스페인식 간이음식점 겸 카페)에 들어가서 다 식어빠진 또르띠야를 먹든가, 마을 식료품점에서 산 오징어통조림을 바게트 위에 얹어 먹는 게 고작이었다.

그러던 어느 날, 길을 걷다가 개울물이 졸졸 흐르는 마을 어귀에 이르렀다. 길은 스페인 북동부에서 북서부에 걸친 구릉과 평야, 산악지대로 이어져 있어서 모처럼 만난 물이 그렇게 반가울 수가 없었다. 개울가 풀밭에 배낭을 부리고 한숨 늘어지게 잠을 청했다. 잠에서 깨어나자 시장기가 맹렬히 덮쳐왔다. 빤히 눈앞에 보이는 마을까지 갈 기운도 없었다.

먹을 거라곤 오직 바게트 빵 반 덩어리. 주변을 둘러보니 앗, 개울가에 양상추가 하늘거리고 있는 게 아닌가. 앗, 그 옆에는 작은 토마토가 몇 알 달려 있다. 마을의 누군가 심어놓은 건지, 저절로 자라는 건지 알 수 없었지만 발은 이미 그곳을 향해 내달리고 있었다.

흐르는 물에 양상추와 토마토를 씻은 뒤, 바게트 빵 사이에 끼워

세상은 넓고
먹을 건
많더라

넣었다. 아무리 배고파도 기왕이면 근사하게 먹고 싶었다. 산티아고 길을 꿈꾸다가 포기한 한 여자 선배가 선물해준 바틱을 풀밭 위에 펼쳐 놓았다. 모네의 그림 〈풀밭 위의 점심식사〉의 화폭으로 걸어 들어온 기분이었다.

이 특별한 점심을 좀 더 즐길 요량으로 샌드위치를 아주 조금씩 떼어, 오랫동안 꼭꼭 씹으면서, 흐르는 물소리에 귀를 기울였다. 피로감과 공복감이 사라진 자리에 행복감이 밀물처럼 밀려들었다. 20년도 넘게 서울 광화문통의 식당에서 이웃 테이블의 소음과 텔레비전 소리, 반찬을 추가 주문하는 소리, 주방에서 달그락거리는 소리가 뒤섞인 가운데 전투를 치르듯 점심을 해치우곤 했다. 그러나 지금 이곳은 새들의 지저귐과 흐르는 물소리가 배경음악이고, 멀리 보이는 푸른 숲이 인테리어다.

아무리 초특급 레스토랑이라도 이런 음악과 인테리어는 불가능하지 않은가. 그것도 오직 한 사람만을 위한 것이라면 더더욱. "아, 오늘 이 순간 이 지구상에서 나만큼 멋진 오찬을 즐긴 사람 있으면 나와보라고 해" 소리 내어 외쳤다. 물론 아무도 나서지 않았다.

코리아의 수키, 사람의 길을 생각하다

음식을 혼자 즐기는 기쁨과 더불어, 함께 나누는 기쁨 또한 산티아고 길에서 누렸다. 순례길 중반 정도였다. 온종일 비가 줄기차게 내리는 날에 하필이면 산길을 걷게 되었다. 가뜩이나 고지에 취약한 터에 비라는 복병까지 만나 기진맥진 탈진 상태에 이르렀다. 다행히도 그 무렵 길에서 한국 여자 둘을 처음 만났다. 보름여 만에 모국어로 수다를 떨 상대를 만난데다 두 여자는 1년간 세계 일주를 계획하고 첫 여행지로 산티아고 길을 택한 '여행의 고수'들이어서 더욱 반가웠다.

세상은 넓고
•
먹을 건
•
많더라

산길을 걸어 내려오면서 나는 그들에게 제안했다. 비 오는 날에는 부침개를 만들어 먹는 게 우리네 풍습이니, 우리도 알베르게에 도착하면 시장을 봐서 부침개를 해먹자고. 둘은 너무 지치고 입맛이 없어 걍 바게트나 한 조각 먹고 말겠단다. 지칠수록 맛있는 걸 먹어야 한다, 비에 쫄딱 젖어 몸이 덜덜 떨리는데 차가운 바게트가 웬 말이냐, 따끈따끈한 부침개가 제격이지, 온갖 감언이설로 그들을 설득했다. 그들은 먹는 일에 그토록 열을 올리는 내가 이해되지 않는 듯했으나, 나이 끗발에 밀려 마지못해 고개를 끄덕였다.

근처 마을에 제법 규모 있는 식료품점이 있기에 밀가루와 양파, 고추, 호박, 올리브유를 흐뭇한 마음으로 사들였다. 알베르게로 돌아와 보니 부엌은 난민수용소를 방불케 했다. 날이 궂으니 마을까지 나가기도 귀찮아서 다들 숙소에서 간단히 해결하는 모양이었다. 비옷을 입은 채로 딱딱한 빵을 씹어 먹는 군상을 보노라니, 순례자들은 고생을 사서 하는 족속이라는 생각이 들 정도였다.

우리 셋은 열심히 양파를 까서 다지고, 호박을 채 썰고, 고추의 배를 갈라 고추씨를 빼낸 뒤 다져 넣었다. 밀가루를 물에 개고 장만한 재료를 투하하니 순식간에 준비 완료! 부엌의 가스불은 달랑 두 개. 우리 옆의 가스불에는 한 여자가 냄비에 계란을 삶고 있었다. 산길을 오를 때 가쁜 숨을 몰아쉬던, 몸집이 푸짐한 서양 여자였다.

한쪽이 노릇노릇 익은 부침개를 한 번 뒤집고 잠시 기다리니 부침개 한 장이 드디어 완성되었다. 우리 셋은 아귀처럼 달려들어 순식간에 한 장을 해치우면서 다음 부침개를 만들고, 두 번째 부침개를 해치우면서 세 번째 부침개를 만들었다. 세 장째 먹고 나서야 비로소 '굶주린 백성'들이 눈에 들어왔다. 특히 옆자리의 서양 여자는 우리가 부침개 세 장을 해치우는 동안 비감한 표정으로 가스불만 노려보고 있었다.

그녀에게 한번 먹어보라고 부침개 접시를 내밀었더니, 힘없는 목소리로 괜찮다고 사양했다. '괜찮긴, 얼굴에 배고파 죽겠다고 쓰였구먼.' 다시 권하자 그제야 한 귀퉁이를 살짝 떼먹어보더니 '판타스틱!', '딜리셔스' 난리블루스였다. 그녀의 요란한 탄성에 주변의 난민들이 일제히 고개를 돌렸다. 그들에게도 먹어보라는 몸짓을 취했더니 용감한 두어 명이 선뜻 나섰다. 이들의 반응은 첫 여자보다 더 격렬했고, 마침내 알베르게의 모든 순례자가 우리의 부침개에 폭발적인 관심을 보이게 되었다.

먹는 사람이 많아지니 우리의 손놀림도 더욱 바빠졌다. 하다 보니 요령도 늘어 부침개는 더 그럴싸하게 부쳐졌다. 결국 이날 알베르게에 함께 묵은 수십 명 순례자가 다 한국의 부침개 맛을 봤으니, '오병이어

五餠二魚'의 기적이 따로 없었다. 사람들이 이 맛난 음식이 무엇이냐고 물어보기에, 엉겁결에 '코리안 팬케이크'라고 말해버렸다. '코리안 피자'가 더 들어맞는 작명이었을 텐데 싶었지만.

추위에 새파랗게 언 몸으로 따끈따끈한 부침개를 맛본 이들은 '코리아의 수키'(당시 서양인들에게 발음이 힘든 명숙 대신 '수키'라고 소개했다)를 칭송하는 것으로 보답했다. 산티아고 길에는 '카미노 통신'이라는 말이 있다. 길(카미노)에서 입소문으로 숙소 정보나 사람들의 소식이 전파되는 것을 일컫는다. 코리아 여자 수키의 선행(?) 역시 카미노 통신을 타고 퍼졌으니, 훗날 영국 여자 헤니와의 만남도 카미노 통신 덕분이었다.

뿔뽀를 먹으며 제주올레를 그리다

산티아고 길을 걸은 지 33일째 되는 날, 아침 일찍 알베르게를 나와 언제나 그렇듯이 길가에 있는 바에 들렀다. 늘 그렇듯 커피 한 잔과 또르띠야 한 쪽을 시켜놓고 야외 테이블에 앉아 있는데, 한 서양 여자가 날 유심히 쳐다보는가 싶더니 조심스레 말을 건네왔다. "혹시 당신이 코리아의 수키 아닌가?"라고.

생면부지의 외국인이 내 이름을 알다니 기절초풍할 노릇이었다.

맞다, 어떻게 아는가, 물었더니 그 여자가 활짝 웃으면서 대답했다. "당신은 산티아고 길에서 굉장히 유명하다. 코리안 팬케이크를 만들어 순례자들에게 나누어줬다는 이야기를 들었다"라고.

사람마다 걷는 속도가 다르고, 선호하는 마을이 다르고, 숙소가 다른지라 비슷한 시기에 걷는데도 한 번도 못 만나는가 하면, 번번이 부딪히는 이들도 있는 법. 그녀는 나보다 하루 늦게 산티아고 길을 걷기 시작했는데 내내 어긋나다가, 내가 아스토리가라는 소도시에 반해 하룻밤 더 묵는 바람에 조우하게 된 것이었다. 그녀의 이름은 헤니. 영국 출신이지만 스페인에 반해서 1년 중 절반은 스페인에서, 나머지 절반은 영국에서 지낸단다.

내가 아침식사를 하는 사이 그녀는 손을 흔들면서 다시 길을 떠났다. 바에서 나와 두어 시간이나 걸었을까. 노란 화살표는 공원 잔디밭으로 이어졌고, 모처럼 만나는 잔디밭이 반가워서 등산화를 벗어 들고 맨발로 걷기 시작했다. 두꺼운 등산화 속에 답답하게 갇혀 있던 두 발이 좋아라 환호하는 소리가 들리는 듯했다.

한 여자가 잔디밭의 큰 나무 둥치에 배낭을 기대놓고 늘어지게 자고 있었다. 바로 그 여자, 헤니였다. 사람들은 부지런히 그녀 곁을 지나쳤지만, 나는 왠지 그녀 곁에 드러누워 휴식을 취하고 싶어졌다. 알베르게에 일찍 도착한다고 상을 주는 것도, 더 나은 방을 차지하는 것도 아닌데, 숙소에 가면 할 일이 없어 심심해 죽을 지경인데, 길에서 더 오래 즐기는 게 나을 것 같았다.

따끈따끈한 10월의 햇살을 받으면서 늘어지게 낮잠을 자고 난 다음 깨어나보니 헤니가 옆에서 가이드북을 살펴보고 있었다. 그녀도 나를 알아보고 씽긋 웃었다.

"멜리데에서 뿔뽀를 먹을까 하는데, 같이 갈래요?"

뿔뽀, 좋고말고. 그렇지 않아도 그걸 먹을 작정이었다고. 〈오마이뉴스〉 편집국장으로 일하던 시절, 여행작가 김남희가 산티아고 여행기를 연재했는데 그녀는 글에서 멜리데의 명물이라는 뿔뽀를 언급했다. 맛있는 거라면 사족을 못 쓰는 나는 그 마을에 가면 반드시 먹어보리라 메모해두었다.

"이 집이 멜리데에서 가장 유명한 뿔뽀집이래."

헤니는 가이드북을 짚어가면서 설명했다. 와, 영어로 된 산티아고 가이드북에는 뿔뽀 요리뿐 아니라 레스토랑 이름까지 자세히 소개되어 있었다. 그녀 덕분에 제대로 된 뿔뽀를 먹게 되리라는 예감에 입안 가득 군침이 돌았다.

'헤니를 따라 낮잠 자기를 정말 잘했어.'

가이드북에 나온 뽈뽀집은 노란 화살표를 벗어난 마을 안쪽에 있었다. 헤니가 아니었으면 못 찾아갔을 식당이었다. 식당 입구에는 커다란 가마솥에서 김이 무럭무럭 올라오고, 식당 안은 손님들로 북적였다. 맛있는 냄새, 시끌벅적한 대화와 웃음소리, 테이블 사이를 오가는 종업원들의 바쁜 발걸음, 식사를 즐기는 이들의 행복한 표정과 기다리는 이들의 설레는 표정. 인테리어는 단순 소박했지만, 식당은 활기가 넘쳤다. 경험칙상 이런 곳이야말로 진정한 맛집이다. 제대로 찾아온 것 같았다.

뽈뽀 한 접시를 시켰더니 웨이터가 묻는다.

"아구아 오 비노(Agua o vino : 물이냐 와인이냐)?"

우리 둘 다 누가 먼저랄 것도 없이 "비노!"를 외쳤다.

이날 먹은 뽈뽀의 맛을 어찌 필설로 형용하랴. 사실 문어는 평소 별로 즐기지 않는 해산물이었다. 한국에서는 주로 문어를 살짝 데쳐 초고추장에 찍어 먹는데, 모양도 맛도 그닥 내 입맛을 끌지 못했다. 이곳 갈리시아 지방의 뽈뽀 요리가 하도 유명하다기에 호기심이 살짝 생겼을 뿐, 문어 맛이 다르면 얼마나 다르겠어, 하는 마음도 있었다.

아, 뽈뽀는 내가 알던 문어의 맛을 훌쩍 뛰어넘었다. 적당히 촉촉하고 입안에 살살 녹을 정도로 부드러웠다. 올리브의 향긋함, 고추의

세상은 넓고
・
먹을 건
・
많더라

매콤함, 월계수잎의 풍미가 깊이 밴 문어의 부드러운 살. 난 단박에 뿔뽀와 사랑에 빠지고 말았다. 평소 식사인 또르띠야에 비하면 서너 배나 비싸지만(한 접시에 8~12유로), 그 돈이 전혀 아깝지 않은 기막힌 맛이었다. 게다가 화이트와인과의 절묘한 궁합이라니.

그녀와 나는 뿔뽀를, 그리고 산티아고 길을 예찬했다. 이 길이 우리 인생 최대의 선물이며, 길이야말로 부작용 없고 가장 저렴한 종합병원이라는 데 의견의 일치를 보았다. 의사도 처방전도 수술도 필요없는. 그저 자연을 벗 삼아 걷고, 먹고 마시고, 명상하고, 대화함으로써 자신의 두 발로 자신의 몸과 마음을 치유하는.

낮술에 주흥이 도도해진 나는 헤니에게 큰소리를 쳤다. 죽도록 일만 하다가 나이 오십에 비로소 이 길에 섰으니 앞으로는 5년에 한 번씩 이 길을 찾겠노라고, 그동안 일중독자처럼 살아온 패턴을 절대로 다시는 되풀이하지 않겠노라고.

그 말을 듣던 헤니는 정색을 하며 말했다.

"그것도 좋은 생각이지만 우리 서로 길을 만드는 건 어때. 우리가 먼저 받은 선물을 다른 이들에게도 나눠주는 의미에서. 우리야 돈과 시간과 열정이 따라줘서 이곳까지 왔지만, 우리처럼 여기까지 올 수 없는 사람들에게도 병원은 필요하잖아. 병원이 꼭 산티아고에 있어야 하는 건 아니잖아. 나라마다, 마을마다 길이라는 병원이 생긴다면 얼마나 많은 사람들이 치유받을 수 있겠어?"

맛난 음식과 술을 즐기던 가벼운 식사 자리가 인류의 구원을 이야기하는 묵직한 세미나장으로 돌변했다. 화제를 슬쩍 딴 데로 돌리려고 하자 헤니는 노골적으로 도발적인 발언을 감행했다. 너희 나라야말로 가장 시급하게 병원이 세워져야 하는 나라라고. 무슨 근거로 그딴 이야기를 하냐고 되묻자 그녀는 한 치도 물러서지 않고 더한 이야기를 쏟아냈다. 너희 나라를 국제회의 참석차 두 번이나 방문했다, 속도와 경쟁에 휘둘려서 다들 제정신이 아닌 '미친 나라' 같더라, 특히 수도 서울은 하늘을 찌르는 높은 빌딩과 지옥같이 깊은 지하철에 초록이라곤 찾아보기 힘든 '끔찍한 도시'더라, 라고.

머리를 쇠망치로 얻어맞은 듯한 충격과 전율이 휩쓸고 갔다. 그날 헤니와 뽈뽀를 먹는 자리에서 나는 결심했다. 고향 제주에 세상에서 가장 아름답고 평화로운 길을 내서, 경쟁과 속도에 지치고 치인 사람들이 위로받고 치유받도록 해야지. 왜 내 인생의 중요한 모멘텀은 항상 무언가를 먹고 마시는 순간에 이뤄지는 것일까.

세상은 넓고
•
먹을 건
•
많더라

땅끝 마을에서
•
혼자, 무료한 재미에
•
빠져들다

　산티아고 길의 종점인 '산티아고 데 콤포스텔라'에 드디어 당도했지만, 땅끝은 아니었다. 대서양이 바라다 보이는 땅끝 마을 '피니스테라'는 이곳에서도 90킬로나 더 가야 했다. 800킬로미터를 걷느라 수고한 내게 길고 달콤한 휴식을 베풀고 싶었기에, 버스로 이동해 그곳에서 며칠을 푹 쉬기로 마음먹었다. 거기엔 내 고향 서귀포처럼 바다가 있다!
　한 가겟집에 민박을 알아보았더니 가게 2층에 민박을 친단다. 마침 예약자가 없어 방 하나 값으로 집 한 채를 통째로 빌리는 행운이 따라왔다. 한 달 넘게 열악한 시설의 알베르게에서 수십 명 넘는 순례자들과 떼잠을 자야 했던 내게는 크나큰 행운이었다. 짐을 쌌다 풀었다 할 필요도, 샤워 순서를 기다릴 필요도, 무게 때문에 먹을거리를 살까 말까 망설일 필요도 없었다. 사흘쯤 묵으려는 계획을 바꾸어 일주일 머물겠노라고 말했더니 여주인은 깜짝 놀랐다. 시즌도 끝난 바닷가에 왜 그리 오래 있을까, 의아하다는 표정이었다.

그러나 철 지난 쓸쓸한 바닷가 마을에서 늘어지게 빈둥거리는 것이야말로 내게는 가장 큰 호사였다. 우선 가까운 슈퍼마켓에서 욕심껏 장을 봤다. 산티아고 여정에서 만난 마을 가게와 달리 휴양지인 이곳의 가게는 제법 풍부한 식재료와 소스, 통조림류를 골고루 구비하고 있었다. 게다가 아침마다 야채와 신선한 수제 유제품을 파는 반짝시장도 어시장 입구에 선다니 금상첨화였다. 결정적으로, 그 집 부엌에는 조리대와 식기, 접시, 크고 작은 와인잔에 이르기까지 모든 것이 두루 갖춰져 있었다. 굳이 비싼 레스토랑에 가지 않더라도, 재료를 사서 근사한 요리를 해먹을 수 있다!!!!!

첫날, 나를 위한 만찬을 준비했다. 굴을 사서 레몬즙을 뿌려 접시에 담았다. 그와 더불어, 말린 토마토를 넣은 그린 샐러드. 말린 토마토를 굉장히 좋아하는지라, 우리나라에서 재배되는 토마토로는 그 맛을 낼 수 없다는 게 안타까웠는데, 이곳에서는 값이 싸기에 메인 요리인 파스타에도 넣어 먹으려고 넉넉하게 샀다.

말린 토마토와 버섯, 샐러리를 다져 넣은 파스타는 나 혼자 먹기 아까울 만큼 맛있었다. 내일은 어시장에서 조개를 사다가 봉골레 파스타를 해먹어야지, 값싸고 싱싱하고 풍부한 현지 식재료와 양념으로 서양 요리를 만들 기대감에 부풀었다. 요리는 국적을 떠나 맛있으면 되고, 그 땅에서 난 제철 재료로 만든 현지 음식이 최고니까.

벽에 걸린 다양한 조리기구를 시험해보는 것도, 슈퍼에서 구입한 정체불명의 소스와 향신료를 조심스레 실험해보는 것도, 어떤 접시에 내놓을까 요리조리 그릇을 고르는 것도 다 즐거웠다. 얼마 만에 느끼는 일상의 소소한 즐거움인가.

낮에는 바닷가 구경도 할 겸 사람 구경도 할 겸 밖에 나가 외식을 했다. 성수기가 지난 바닷가 레스토랑은 빈 테이블과 파라솔만 내놓은 채 대부분 철시 중이었고, 조그마한 바 하나만 영업을 했다. 스페인 특유의 타파스(스페인식 안주)를 골라먹을 수도 있고, 국제전화를 걸 수 있는 공중전화도 있어서, 떠나오는 날까지 날마다 들렀다.

궂은 날씨에 발이 묶인 선원들은 대낮부터 어둑시근한 바에서 의

자에 깊게 기대어 하염없이 창밖 바다를 내다보거나, 무리 지어 내기 트럼프를 하거나 술을 마셔댔다. 가끔은 귀청이 찢어질 정도로 크게 웃어젖히거나 고성이 오갔다. 어디나 바닷가 사내들은 거칠고 술을 좋아하는구나, 그들을 보면서 어린 시절 서귀포 부둣가의 사내들을 떠올렸다.

바의 분위기나 인테리어는 '도라지 위스키 한잔에다 슬픈 뱃고동 소릴 들어보렴' 최백호의 노래가 절로 흘러나올 만큼 칙칙했다. 하지만 심드렁한 표정의 사내가 만들어 심심해 죽겠다는 표정의 아가씨가 내주는 파스타의 맛은 참으로 일품이었다. 각기 다른 해산물이 들어간 타파스를 골라먹는 재미에 푹 빠진 채 며칠이 흘러갔다.

말을 타고 순례길을 여행한 알자스 사내

마지막 저녁식사만큼은 여행 가이드북에 소개된 근사한 레스토랑에서 하고 싶었다. 혹시 자리가 없을세라 오픈 시간보다 훨씬 일찍 식당에 도착했는데 '가는 날이 장날'이라고 흐린 수은등 밑에 휴일 알림판만 흔들거리고 있었다. 한참을 주저앉아 있다가 돌아서려는데 한 남자가 식당 골목으로 들어섰다. 복장으로 보아 영락없이 순례자, 그것도 혼자 온 순례자임이 분명했다. 그도 그 식당에서 맛있는 식사를 기대했는지 실망한 기색이 역력했다.

함께 레스토랑을 찾기로 했다. 바닷가로 내려가니 몇몇 식당이 휘황찬란하게 불을 밝혀놓았고, 야외 테이블에는 사람들이 가득했다. 바닷가의 고급 레스토랑은 철시 중인데, 아마도 지역 주민들이 애용하는 맛집 거리인 듯했다. 죽 둘러보다가 왠지 조금은 더 맛있을 것 같은 한 식당을 가리켰더니, 그 남자도 선뜻 고개를 끄덕였다.

짐작대로 그는 순례자였다. 그런데 엉뚱하게도 말을 타고 6개월 만에 이곳 피니스테라에 이르렀단다. 대체 어디서 출발했기에 두 발로 걷는 사람들보다 오래 걸렸느냐고 되물었더니 대답이 걸작이었다. 프랑스와 독일의 국경지대인 '알자스 로렌'의 자기 집에서 출발했는데, 도중에 목초가 많은 마을이 나타나면 그곳에 오래 머물면서 글도 쓰고 그림도 그리며 천천히 이동했기 때문이란다. 그야말로 말 타고 '놀멍 쉬멍 그리멍 쓰멍' 간세다리로 여행한 것이다. 시나리오 작가이자 화가인 그는 이미 책을 여러 권 펴냈으며, 이번 여행에 대해서도 책으로 쓸 생각이란다.(훗날 그는 내게 자신의 책을 보내왔다)

그를 순례길의 마지막에 만난 건 여러모로 행운이었다. 우리는 산티아고 길에서 받은 인상, 느낌, 서로의 인생에 대해 많은 이야기를 나누었고 깊이 공감했다. 무엇보다도 감사했던 일은 따로 있었다. 양이 많은데다 비싸서 혼자서는 엄두를 못 낼 유럽식 홍합찜(파리에서 그토록 먹고 싶었던)을 동행이 있어 즐길 수 있었던 것이다. 홀로 식사하는 것도 서럽거늘 먹고 싶은 음식을 혼자라서 못 먹는 건 얼마나 더 슬픈 일인가.

그런 여행의 기억 때문일까. 나는 제주로 돌아온 뒤로 올레길 주변의 식당 주인들에게 읍소 겸 부탁을 하곤 했다. 제발 갈치조림이나 고등어조림, 매운탕 같은 메뉴도 1인분씩 팔면 안 될까요? 조금씩 주면 되잖아요!

세계를 감탄시킨
다금바리 명인

산티아고 길을 다 걷고 난 뒤 다시 파리로 돌아왔다. 이번 여행의 또 다른 목적인 슬로푸드 세계대회를 참관하기 위해서였다. 2006년 10월 26일 오후 2시. 파리에서 토리노로 가는 열차에 몸을 실은 나는 수학여행을 떠나는 여학생처럼 한껏 들떠 있었다. 어릴 때부터 로망이었던 이탈리아 땅을 밟고, 관심사였던 슬로푸드 대회를 지켜보는 소망을 한꺼번에 이루게 되었기에.

토리노 수사Susa 역에 도착하자마자 토리노 시, 아니 이탈리아 전체가 이 대회에 쏟은 정성과 열기가 확 느껴졌다. 거리마다 '테라 마드레'라는 이 대회 슬로건이 찍힌 플래카드와 선전물이 넘쳐났다. 텔레비전 뉴스는 오전에 열린 개회식에 대통령이 직접 참석해 축하연설을 하고 세계 150개국에서 무려 6,000여 명이 모여들어 대성황을 이룬 모습을 앞다투어 전하고 있었다. 카메라에 잡힌 참석자는 자기 손으로 짠 그물로 고기를 잡는 남태평양 군도의 어부에서부터 음식의 나라 이탈리아에서도 첫손 꼽히는 요리사에 이르기까지 피부색도, 직종도 각양각색이었다. 현장을 지켜보고 기록하는 기자로서는 절로 가슴 뛰는 현장이 아닐 수 없었다. 비록 기자질을 때려치운 퇴기(퇴직 기자)였지만.

나를 더 들뜨게 만든 일은 다음날 일어났다. 대회 이틀째 날 한국팀이 참가하는 세미나장을 찾았다가 뜻밖에도 낯익은 얼굴을 발견했다. 제주도 진미횟집 강창건 사장이 일곱 명의 한국 대표팀 일원으로 와 있는 게 아닌가!

내가 단발머리 여중생이던 시절, 그는 서귀포 매일시장에서 누나네 식료품 가게 일을 도우면서 야간고등학교를 다니던 '동네 오빠'였다. 아침 일찍 일어나 가게 문을 열고 물건을 배달하다가 밤에는 야간학교에 가는 그를 동네 어른들은 입이 마르게 칭찬하곤 했다.

중학생 시절 이후 한 번도 보지 못해 기억에서조차 지워진 그를 다시 만난 건 2003년 봄. 언론인 세미나 참석차 고향에 갔다가 제주도에서 가장 유명한 횟집에 간다기에 따라나섰는데, 그 횟집 주방장이자 사장이 바로 '매일시장 창건 오빠'였다.

"배달청년이 어떻게 유명 요리사가 됐느냐"고 물었더니 그는 책 한 권으로도 모자랄 그동안의 사연을 들려주었다. 서귀포에서 가장 유명한 고급 요정에 물건을 배달하다가 그 집 주방장에게 '사시미' 뜨는 법을 어깨 너머로 배운 일, 신혼 때 사계리 일대에서 최고 상군해녀로 꼽히던 아내가 유조선 스크루에 휘말리는 대형 사고를 당한 일, 그 사고로 아내는 다리를 허벅지까지 잘라내고도 목숨을 건 몇 차례의 대수술을 받아야 했고 자신은 병간호를 위해 직장을 그만둔 일, 어느 날 지나가던 수녀님들에게 라면을 끓여주었더니 솜씨가 아까우니 음식점을 내라고 조언해준 일, 조부 때부터 내려온 집에서 테이블 세 개를 놓고 시작해 미식가라면 한 번쯤은 들르는 명가 음식점을 일구게 되기까지의 일들을.

그런 그가 슬로푸드 대회에 초청받았다니 마치 내 일처럼 기쁘고, 같은 제주 출신으로서 참으로 자랑스러웠다. 게다가 그는 이 대회에 초청받은 1,000명의 셰프 중에서도 딱 열 명만 그 기회를 갖게 되는 시연자로 선정되었단다. 주최 측이 다금바리의 30여 가지 부위를 하나도 버리지 않고 모두 근사한 요리로 둔갑시키는 특별한 기술(그는 2006년 '다금바리회 조성물 및 그 제조방법'[특허 제10-0558218]으로 특허청으로부터 특허를 따냈다)을 현장에서 보여달라고 요청한 것이다. 우리는 "시연 장면을 지켜보게 될 유일한 한국 기자니까 특종은 따논 당상"이라며 웃었다.

아니, 내장이 어디 갔지?

10월 28일 12시. 모자부터 앞치마까지 말끔하게 조리사 복장을 한 창건 오빠가 약간 긴장된 표정으로 조리대 앞에 섰다. 현장에는 우리가 예상했던 것보다 훨씬 많은 텔레비전 카메라와 취재진이 대기하고 있었고, 티켓을 사서 관람하러 온 구경꾼도 꽤 많았다.

큰 생선을 해체해 비늘부터 입술, 지느러미까지 모든 부위를 요리로 만드는 과정을 생생하게 보여준다는 보도자료가 취재진의 구미를 끌어당긴 모양이다. 일단 홍보전에선 성공한 셈이다.

시연장에는 'South Korea/Jejudo giant grouper'라고 쓰인 플래카드가 나붙었다. 관광의 섬 제주도와 다금바리가 세계의 음식전문가들에게 그 이름을 알리는 순간이었다. 이날 시연에 쓰인 생선은, 하지만 아쉽게도 제주산 다금바리가 아니었다. 이탈리아 남부 시칠리아

섬에서 공수해온 7.5킬로그램짜리 '북바리'였다. 제주에서는 다금바리보다 한 수 아래로 치는 생선이었지만, '찬물 더운물 가릴 처지'가 아니었다.

초반에만 해도 몰려든 외국 취재진과 관람객들에게 압도되어 다소 굳어 있던 창건 오빠는 한국 슬로푸드협회 관계자가 "긴장 풀고 평소 하던 대로 하라"고 조언한 이후 달라졌다. 북바리를 들고 취재진에게 포즈를 취한 뒤, 칼질에 들어간 그는 더 이상 '제주 촌놈'이 아닌 다금바리 명인이었다. 그는 북적이는 취재진 사이에서 구도자 같은 자세로 차분하게 생선을 해체했고 구경꾼들은 숨을 죽이고 지켜보았다. 영어 통역이 "이 명인은 내장은 물론이고 입술, 껍질, 날개살, 목줄기살, 눈알, 심지어 비늘까지도……"라면서 작업 내용을 설명하자 "저, 볼살도……"라고 말을 보탤 만큼 여유를 되찾은 모습이었다.

그러던 그가 "앗, 내장이 어디 간 거지?" 갑자기 외마디 소리를 지르는 바람에 한국 팀은 일순 긴장했다. 통역을 맡은 한국 교포가 주방에 다녀와서 "현지에서 어부들이 잡자마자 내장을 빼냈다고 한다"고 전했다. 잠시 당혹스런 표정을 짓던 그는 언제 그랬냐는 듯이 다시 작업을 진행했다. 살은 섬세하게 포를 뜨고, 비늘과 꼬리와 날개와 등뼈는 프라이팬에 튀기고, 입술과 혀와 목줄기살은 끓는 물에 데치고, 눈알은 은박지에 돌돌 말아 튀겨내는, 그의 현란한 손기술에 구경꾼들은 감탄사를 연발했다.

해체 작업에 걸린 시간은 총 1시간 20분.(모든 부위를 다 해체하면 32가지에 이르지만 이날은 내장이 없는 상태라 28가지에서 그쳤다) 꽤 긴 시간이었지만 취재진과 관람객들은 끝까지 자리를 지켰다. 마지막으로 회와 부속물과 튀김을 원하는 이들에게 나눠줄 차례. 대부분이 서양인들이라 회를 시식할까 내심 걱정했지만 이내 기우임이 드러났다. 저마다 손을 드는 바람에 접시가 동이 났고 양념장 만들기가 바쁠 지경이었다.

기름 온도가 높지 않아서 튀긴 비늘은 먹지 말라는데도 굳이 도전한 이탈리아 기자는 맛을 보더니 "아, 생선비늘을 다 먹다니 정말 신기하다"고 코멘트했다. 한 브라질 관광객은 "생소하지만 흥미로운 맛이다"라고 감탄했고, 한 홍콩 여자는 한국에 가면 꼭 들러보겠다며 횟집 명함을 달라고 했다. 다금바리를 대신한 북바리는 현장에서 완전히 다 팔려나갔고, 그제야 한숨을 돌리는 창건 오빠에게 '대박'이라며 축하 인사를 건넸다.

명인을 만든 충고 한마디

귀국 후 안부전화를 했더니 그는 대뜸 "이탈리아에서 한 수 배우고 돌아왔다"고 했다. 슬로푸드 대회 기간에 세계 각국의 음식 시연장을 둘러본 그는 뼈와 가시를 다 발라내고 끓이는 서양식 생선수프에서 힌트를 얻어 자기네 식당에서도 이제는 뼈와 가시 없는 매운탕을 내놓기 시작했단다. 처음에는 뼈가 다 어디 갔느냐고 따지던 손님들도 이제는 그쪽을 더 선호한단다.

그가 다금바리 명인이 된 것도 돌이켜보면 외부로부터의 도전에 적극적으로 응전했기 때문이다.

1989년 한 음식 전문 잡지사가 특색 있는 요리를 만드는 조리장 150명을 초빙해 명사들로부터 특강을 듣도록 주선했다. 당시 언론인 이규태 씨는 "일본에서는 참치 한 마리를 갖고도 부위별로 다양한 요리를 만드는데 한국에서는 달랑 회만 내놓는다. 연구하는 자세가 필요하다"고 조리장들에게 따끔하게 충고했다.

그 충고를 마음에 새긴 그는 자기 고향 바다에서 잡히는 고급 어종인 다금바리 요리에 평생을 걸어야겠다고 결심했고, 숱한 칼질과 오랜 연구 끝에 마침내 다금바리의 모든 부위를 먹을거리로 만드는 데 성공한 것이다.

재료의 맛을 잘 살리는 이탈리아 사람들

당사자 못지않게 긴장했던 시연 행사가 끝난 뒤 가벼운 마음으로 둘러본 슬로푸드 대회는 여러모로 흥미진진했다. 이탈리아 각 지방에서 유기농 방식으로 재배되고 만들어진 각종 채소, 치즈, 잼, 소시지, 그 밖의 가공식품이 수백 개의 부스에서 전시되고 각 부스마다 시식 코너가 마련되어 직접 맛볼 수 있었다. 전시관 가장자리에는 이탈리아에서도 손꼽히는 유명 레스토랑의 셰프가 직접 만든 일품요리를 착한 가격에 맛볼 수 있는 '현장 레스토랑'이 자리 잡았다.

흔히 프랑스 요리를 세계 최고로 손꼽는 이가 많지만, 이탈리아 사람들의 자부심도 그에 뒤지지 않는다. 아니, 프랑스보다 한 발 앞선 요리의 종주국이라고 자부하기도 한다. 굳이 로마시대까지 거슬러 올라갈 것도 없이 유럽의 르네상스를 구가했던 메디치가를 떠올리기만 해도 충분히 짐작이 간다. 무릇 찬란한 문화가 꽃핀 지역치고 음식 문화가 함께 꽃피지 않은 곳이 없다.

이탈리아 요리는 장식성이 강한 프랑스 요리에 비해 수수한 편이다. 그렇기에 오히려 재료의 맛을 잘 이끌어내는 미덕을 갖고 있다. 내 취향에는 이탈리아 요리가 훨씬 입맛에 맞았다. 뜨거운 태양 아래 자란 올리브의 미덕을 한껏 살린 이탈리아 요리는 그 나라에 머무는 동안 내 혀와 위장을 행복하게 만들었다.

슬로푸드 운동

1986년 이탈리아 로마에 다국적 패스트푸드 업체인 '맥도날드' 체인점이 들어서자, 이에 분노한 음식 전문 기자 카를로스 페트리니와 그의 친구들이 전 세계인의 입맛을 표준화하고 각 나라와 지방의 전통음식을 소멸시키는 패스트푸드에 맞서 싸우자고 선언했다. 이탈리아 브라Bra 지방에서 시작된 이 운동은 제 나라 제 고장에서 제대로 된 방식으로 생산된 재료로 음식을 만들어 전통음식을 보존하고 먹는 즐거움을 되찾자는 모토 아래 다양한 네트워크 활동을 펼치고 있다. 전 세계적으로 10만여 명이 활동하고 있는 대안운동이다.

제노바 이야기

밀라노에서 기차로 한 시간 반이면 닿는 항구도시 제노바. 스페인 여왕 이사벨라의 후원으로 이 지역 출신 콜럼버스는 1492년 이곳에서 세계사의 흐름을 바꾼 역사적인 대항해를 시작했다. 슬로푸드 대회를 참관한 뒤 일행은 로마로 떠났지만, 나는 제노바로 향했다. 이탈리아에서도 피렌체와 더불어 가장 이탈리아적인 도시라는 평가가 따라붙는 곳이기에 꼭 가보고 싶었다.
피렌체 항구에는 그 유명한 콜럼버스의 동상이 떡하니 서서 먼 바다를 응시하고 있었다. 바닷가 주변에는 어시장과 해산물로 유명한 식당이 즐비했다. 항구 뒷골목에도 소박하지만 각자 개성 있는 작은 레스토랑이 곳곳에 숨은 듯 박혀 있었다. 사흘 머무는 동안 이곳저곳 기웃거렸는데 어느 식당, 어떤 메뉴건 날 실망시키지 않았다.

그중 가장 특별했던 곳이 항구 근처의 한 소박한 레스토랑. '여행자들의 바이블'로 불리는 〈론리 플래닛Lonely Planet〉에 맛집으로 소개된 곳이었다. 빈자리가 하나도 없고 대기자들이 바깥에서 줄지어 기다리고 있었다. 동양에서 온 '푸드 저널리스트'라면서 옛 직장의 명함을 내밀었더니 주인은 구석진 자리에 애써 자리를 마련해주고, 나름 신경을 써주었다. 아, 레몬즙을 살짝 뿌린 생선구이의 맛을 어찌 형용하랴. 기왕 어부의 그물에 걸려 인간의 입에 들어갈 바에는 이런 식당의 요리로 최후를 맞는 게 영광이 아닐까 싶을 만큼 그 맛은 훌륭했다. 역시 생선은 회가 최고야, 라는 이들에게 먹여주고 싶을 만큼.

세상은 넓고
•
먹을 건
•
많더라

안나푸르나에서도
한국 음식이라니

산티아고 길을 다녀온 이듬해인 2007년 3월, 안나푸르나 트레일에 도전하기로 했다. 평소 같으면 엄두도 못 낼 일이었지만, 산티아고 길 800킬로미터를 걷는 동안에 생겨난 근육과 지구력을 믿고 한번 도전해보기로 했다. 더군다나 고향 제주에 길을 내기로 마음먹은지라 또 다른 유명 트레일을 걸어볼 필요가 있었다.

비록 베이스캠프까지만 오르는 아마추어 등반이었지만, 히말라야를 품은 네팔의 험준한 지형이나 고소증세 때문에 반드시 안내원을 동반해야 했다. 트레킹 전문 여행사에서 주선하는 패키지상품을 택하기로 했다. 단체여행을 웬만하면 기피하는 나였지만, 안전을 위해 자유를 포기하는 수밖에 없었다.

일행은 모두 15명. 동행들은 다들 자연과 산을 좋아하는 이들이라 그런지 인상이 좋았다. 즐거운 여행이 될 것 같은 예감이 들었다.

어느 나라에서 온 왕족 일행인가요?

네팔은 원시자연을 고스란히 간직하고 있었고, 마을은 소박하고 정겨웠다. 청량한 공기, 가는 곳마다 피어 있는 라리글라스, 어쩌다 마주치는 현지인들의 수줍은 미소……. 숙소인 롯지(산장)에서 야외 화장실에 가다가 올려다본 밤하늘에는 푸르스름하게 빛나는 설산을 배경으로 별이 머리 위로 쏟아져 내렸다. 떠나오길 잘했다, 날마다 아침이 오기를 기다리는 며칠이 흘렀다.

언젠가부터 슬슬 짜증이 밀려들기 시작했다. 오로지 음식 때문이었다. 여행사 측은 한국인의 식성을 고려해서 철저하게 한국식 식단으로 하루 세 끼를 제공했다. 웬만한 재료는 아예 한국에서 비행기로 공수해왔고, 한국 사람에게 상당 기간 훈련받은 셰프와 보조원 네 명을 동원해 음식을 장만하도록 했다. 그들은 우리가 식사를 마치면 얼른

뒷정리를 해서 음식 재료와 조리기구를 담은 무거운 광주리를 둘러메고 우리보다 한 발 먼저 출발했고, 우리보다 먼저 롯지에 도착해 어김없이 식사를 준비했다.

네팔인인 그들은 못하는 한국 음식이 없었다. 된장찌개, 김치찌개, 냉면…… 나물 반찬이나 김치도 한국의 웬만한 식당에서 먹는 것보다 맛있었다. 네팔까지 와서 제대로 된 된장찌개를 먹다니, 산티아고 길에 비하면 안나푸르나 트레일에서의 식사는 황송할 정도였다.

그러나 과하면 모자람만 못하나니. 연일 계속되는 한국 음식에 슬슬 물리기 시작했다. 국내에서도 며칠에 한 번은 파스타도 해먹고 메밀소바도 사먹는 나였다. 하루 한 끼는 꼭 면을 찾는 자칭 '면사모'인데다 여행 중에는 되도록 그 나라 현지 음식을 찾아 먹곤 했다. 그런데 이 먼 곳 네팔까지 와서 자나 깨나 한국 음식이라니.

딱 한 번 예외가 있었으니 네팔 전통 요리 '달밧'(쌀과 커리와 각종 채소를 넣어 끓인 음식)이 나온 적이 있었다. 일행은 입에 안 맞는다고, 이런 걸 먹고 어떻게 기운을 쓰냐고 불평을 쏟아냈지만, 나는 달밧 한 그릇을 싹싹 비우고도 모자라 조금 더 달라고 부탁했다. 달밧의 수수하고 담백한 맛은 네팔의 자연과 참으로 닮아 있었다.

고도를 본격적으로 높이기 시작할 무렵, 산꼭대기에 자리 잡은 한 마을에 당도해 롯지에 짐을 풀고 나니, 저녁시간이 돌아왔다. 내일부터 본격적으로 힘을 써야 하니 특식을 제공한단다. 기대에 부풀어 물었더니 삼계탕이란다. 닭띠임에도 평소 닭 요리를 좋아해서 '동족상잔'이라고 놀림 받는 나였지만, 그때만큼은 삼계탕이 싫었다. 또 한국 음식이란 말이지, 이번만은 안 먹고 말 테다, 굳게 결심했다. 가이드에게 왜 한국 음식만 주느냐고 물었더니, 안 그러면 손님들이 '클레임'을 건단다. 한국인은 모름지기 매운 한국 음식을 먹어야 힘이 난다면서. '칫, 그럼 매운 거 안 먹는 다른 나라 사람들은 어떻게 안나푸르나를 오르지?' 우리의 '음식 국수주의'가 지긋지긋했다.

미리 한 바퀴 둘러본 그 마을에는 제법 규모가 큰 롯지가 세 군데나 있었다. 다른 롯지에 가서 먹어보지 못한 현지 음식을 먹고픈 마음이 굴뚝같았다. 옆 사람에게 내 몫까지 드시라고 귀띔을 하고 안내원의 양해를 구해 다른 롯지로 올라갔다.

그곳 메뉴판에는 외국인 여행자를 위해 영어로 현지 음식 메뉴가 쓰여 있었고, 나는 그중 두 가지(마음 같아선 다 한 번씩 맛보고 싶었지만 위장의 용적을 감안해서)를 시켰다. 달밧과 네팔식 만두. 롯지의 야외 테라스에 앉아 노을에 서서히 물드는 산 아래 마을을 굽어보면서 네팔 음식을 먹는 맛이란. 비로소 진정 네팔 안으로 들어온 기분이었다.

세상은 넓고
•
먹을 건
•
많더라

어느 나라나 지방을 여행할 때 그곳을 제대로 이해하려면 무엇보다도 그곳 음식 문화를 접해야 한다. 문화 중에서도 지역의 특성을 가장 여실히 보여주는 게 음식이므로. 우리나라를 찾는 외국인들에게는 비빔밥이나 김치찌개를 꼭 먹어봐야 한다고, 소주도(심지어 폭탄주마저!!) 꼭 마셔봐야 한다고 강권하면서 왜 우리는 다른 나라에서 한국 음식을 고집하는 걸까. 그 나라를 더 깊이 이해하고 색다른 맛을 체험할 기회를 왜 스스로 차버리는 걸까.

느긋하게 산장의 식사를 마치고 돌아오니 날 쳐다보는 주위의 눈초리가 싸늘했다. 옆 사람에게 물었더니 '다들 당신이 너무 튀게 행동한다'고 생각한다는 것이었다. 내 몫을 포기하고 내 돈으로 음식을 사 먹었을 뿐인데, 왜 나를 은근히 비난하는 걸까, 억울하기 이를 데 없었다. 시간을 어긴 것도, 규칙에서 벗어난 것도 아닌데.

최종 목표인 안나푸르나 베이스캠프에 오르기 하루 전날 오후 우리는 안나푸르나 ABC산장에 이르렀다. 신령한 여신 안나푸르나가 굽어보는 그곳에. 산 정상은 물론이고 사방이 눈으로 뒤덮였지만 날씨는 화창하고 햇살은 눈부셨다.

그곳 야외 테이블을 차지한 우리 일행에게 셰프는 마지막 점심이라며 평소보다도 더 푸짐한 특식을 제공했다. 식탁이 요리 접시로 가득 찼고, 일행은 흥겹게 먹고 마셨다. 그 모습을 지켜보던 한 외국인이 내게 물었다. 어디서 왔느냐고. 한국에서 왔다고 대답했더니 그가 고개를 갸웃거렸다. 어느 나라 왕족 일행인 줄 알았다고. 다섯 명의 요리사가 분주하게 식사를 준비하고 시중을 들었으니 그런 오해도 무리는 아니었다.

이후 다른 나라를 여행하면서도 한국인들의 '음식 국수주의'를 목격할 기회가 종종 있었다. 조금이라도 생소한 향신료가 들어갔다 치면 대부분이 '입맛에 맞지 않는다', '냄새가 비위에 거슬린다', '이상한 맛이다' 불평하면서 숟가락을 놓기 일쑤였다.

다른 맛이어서 싫다니? 다른 맛을 맛보려고 다른 나라를 여행하는 게 아니었나? 난, 다른 맛에 강렬한 호기심을 느낀다. 왜? 다르니까. 이곳에서만 맛볼 수 있으니까. 먼 곳에 왔음을 실감하게 되니까. 그래서 돌아오는 길에 명품 백이나 비싼 화장품은 안 사도 가끔 외국 향신료나 소스는 사들고 온다. 가끔 병을 열어 그 냄새를 맡다 보면 그 나라, 그 땅에서의 기억이 절로 떠오른다.

하노이의
•
거리에서
•
토박이처럼

    베트남 쌀국수는 처음 맛본 순간부터 내 입맛을 사로잡았다. 육식을 좋아하는 터라 안심이나 등심을 사용한 국물 베이스도 좋았고, 밥보다 국수를 좋아하는지라 쌀로 만든 국수라는 게 맘에 쏙 들었다. 한국 사람들이 낯설어하는 고수도 향신료나 허브를 좋아하는 내게는 플러스 요인이었다. 게다가 좋아하는 레몬에 입맛의 다양성을 보장하는 소스까지. 특히 과음한 다음날 속풀이 음식으로 안성맞춤이었다.
    2006년 겨울 베트남 여행을 계획하면서 쌀국수의 고향에서 여한

없이 먹어봐야겠다고 마음먹었다. 열흘 동안 들르는 곳은 하노이와 호치민 시, 그리고 메콩 강 유역 세 군데로 압축했다. 많은 곳을 숨가쁘게 돌아다니면 그 어느 곳도 제대로 느낄 수 없으므로.

미리 예약해놓은 하노이의 숙소는 〈론리 플래닛〉에 나오는, 외국인들이 선호하는 오래된 호텔이었다. 프랑스의 지배를 오래 받은 영향인지 흡사 유럽의 호텔을 연상케 했다. 열대식물이 우거진 아름다운 중정 마당에 놓인 테이블마다 전 세계에서 온 여행자들이 삼삼오오 베트남 맥주나 차가운 음료수를 즐기는 모습은 '열대의 파라다이스' 같았다. 쾌적하고 럭셔리한 분위기였다.

그러나 호텔만 나서면 분위기는 백팔십도 달라졌다. 호텔 앞 대로변에는 쌀국수를 파는 간이음식점이 여럿 있었는데, 놀랍게도 아침부터 손님의 발길이 끊이지 않았다. 우리나라도 외식 문화가 발달한 편이어서 도심에서는 한 집 걸러 하나씩 음식점 간판이 눈에 띄지만, 우리네 외식은 어디까지나 점심과 저녁 위주다. 아침부터 거리에서 음식을 사먹는 풍경은 이방인에겐 굉장히 낯설었다.

게다가 놀랍게도 주방과 계산대만 실내에 있을 뿐, 테이블은 죄다 자동차와 시클로가 씽씽 달리면서 매연을 뿜어내는 야외에 있었고, 사람들은 소음과 먼지에 아랑곳없이 '후루룩 짭짭' 국수 삼매경에 빠

세상은 넓고
먹을 건
많더라

져들었다. 심지어는 테이블도 없이 엉덩이를 간신히 걸칠 만한 간이의자에 걸터앉아 국수 그릇을 들고 식사하는 이들이 수두룩했다. 그럼에도 그들은 행복한 표정이었고, 음식은 맛있어 보였다. 워낙 야외 체질이고 서민 태생인지라 그네들 틈에 끼어 국수 한 그릇을 먹고 싶었지만, 유난히 깔끔을 떠는 동행의 만류로 뜻을 이루지 못했다.

대신 그녀의 손에 이끌려갔던 시내 한복판의 유명한 쌀국수집은 기대에 못 미쳤다.

"어라, 한국의 베트남 쌀국수가 베트남의 베트남 쌀국수보다 더 맛있는 거 아냐?"

내가 볼멘소리를 했더니 친구는 대뜸 받아쳤다.

"원래 우리나라 사람들이 원조보다 더 낫게 만드는 거 몰라? 자동차도 그렇고, 핸드폰도 그렇고. 손재주가 워낙 뛰어나잖아."

그로부터 이틀 뒤, 만일 내가 하노이 공항에서 여권을 분실하지 않았더라면, 그 때문에 하노이에 하루 더 머물지 않았더라면, 거리의 쌀국수를 먹어보지 않았더라면 친구의 말을 그대로 믿을 뻔했다.

300원짜리 쌀국수의 풍미

사흘간 머물던 하노이를 떠나 호치민 시로 이동하려고 공항으로 갔다. 국내선인지라 별 긴장감 없이 항공사 카운터에 여권을 제시하고 짐을 부치려는 순간, 내용물이 너무 많아서인지 컨베이어 벨트 위에 얹어놓은 배낭의 주머니가 열리고 말았다. 얼른 허리를 굽혀 지퍼를 다시 잠그고 일어서보니 어라, 카운터 위에 올려놓은 여권이 온데간데없다. 직원이 접수한 줄 알았더니 고개를 완강하게 저었다. 한산한 국내 공항인지라 주변엔 오직 그 직원과 나뿐이었다. 친구는 이미 수속을 마치고 짐을 부치고 어디론가 전화를 거느라 아무것도 보지 못했단다. 귀신이 곡할 노릇이었다.

갑자기 패닉 상태가 되고 말았다. 서명숙, 너 기어이 사고를 치고야 말았구나. 스페인 산티아고 길에 가기 전 출국을 앞두고 시장에서 분실하는 바람에 경찰 조사까지 받아가면서 천신만고 끝에 발급받은 여권 아닌가. 영어에 능숙한 친구의 도움으로 공항 공안경찰에게 저간의 사정을 설명했지만 무조건 한국 영사관에 가서 임시여권을 발급받는 길밖에 없단다. 공산국가 아니랄까봐 공안의 태도는 딱딱하기 이를 데 없었다.

그동안 해외에서 겪은 사건 사고 중에서도 가장 황당한 일이었다. 불과 1~2초 만에 여권이 감쪽같이 증발하다니. 그것도 카운터와 짐 검색대는 바로 붙어 있지 않았는가. 아무리 생각해봐도 카운터의 직원이 집어넣은 것 같았지만, 그의 몸이나 서랍을 뒤질 수도 없는 노릇. 발을 동동 구르다가 수속을 마친 친구만 호치민 시로 먼저 떠났다. 영어도 서툰 주제에, 숙소에서 체크아웃까지 다 마친 터에, 아는 사람 하나 없는 호치민 시에서, 임시여권을 발급받는 난제를 해결해야 하다니. 사흘 동안 나름 즐겼던 하노이에 대한 격렬한 증오감에 사로잡혔다. 공산국가라면 치안이라도 좋아야지 눈 뜨고 코 베어가는 것도 유분수지, 어찌 이럴 수가 있는가 말이다.

공항에서 가장 가까운 경찰서에 가서 지독히 영어가 서툰 경찰관을 상대로 우여곡절 끝에 어렵사리 분실신고서를 작성해 확인 도장을 받았다. 임시여권을 급행으로 발급해준다는 곳에 갔더니 미화로 100달러를 내란다. 비정상적인 경로로 빠르게 발급해주는 대신 웃돈을 요구하는 것 같았다. 억울해서 도저히 그럴 수는 없었다. 택시를 잡아타고 영사관으로 갔더니 막 점심시간이 시작됐으니 한 시간 뒤에 다시 오란다. 머피가 따로 없었다.

점심시간이라는 설명을 듣자 시간에 맞춰 공항에 나가느라 아침을 거른 생각이 그제야 났다. 여권 문제를 해결하느라 위장 문제는 까맣게 잊어버리고 있었던 것이다. 건물 밖으로 나왔더니 들어올 때는 보지 못한 풍경이 연출되고 있었다. 젊은 여자들이 길거리 난장을 펼쳐놓고 쌀국수를 팔고 있었다. 호텔 근처에서 본 간이식당보다도 훨씬 단출해서 오로지 그릇, 소스를 펼쳐놓은 나무탁자와 보온병이 고작이었다.

가격은 한국 돈으로 겨우 300원. 인상이 좋은 한 여자에게 주문을 했더니 종이를 내밀면서 둘 중 하나를 고르란다. 베트남어를 전혀 모르는지라 '에라 모르겠다'는 심정으로 위칸의 것을 짚었다. 그녀는 익숙한 솜씨로 그릇에 국수를 담고 보온병의 국물을 따르고 고수를 얹어 미소와 함께 건네주었다. 간이의자에 쪼그려 앉아서 별 기대 없이 받아들어 한 젓가락 건져올렸다. 눈이 번쩍 뜨였다. 어라, 맛있잖아, 이 국수!

먹다 보니 거리 풍경이 서서히 눈에 들어왔다. 옆자리에 앉은 교복 차림의 여학생이 생긋 웃는다. 절로 마음이 환해졌다. 아, 불운도 반드시 나쁜 것만은 아니구나. 여권을 잃어버린 '덕'에 도심 뒷골목에서 마치 이곳 토박이처럼 길바닥에 쪼그려 앉아 음식을 먹어볼 기회를 갖게 되었다. 더군다나 이렇듯 맛난 국수를.

묘족의 요리와 술이
네 여자를 홀리다

직장을 때려치운 2006년 초여름, 네 여자가 짧은 중국 여행을 떠나기로 의기투합했다. 노잣돈은 넉넉잖아도 믿는 구석이 있었다. 고등학교 친구 윤정희가 베이징에 살고 있었기에. 정희는 신촌 먹자골목에서 오뎅바와 노래방을 하는 경자와 더불어, 쥐꼬리만한 판공비로 후배들에게 밥과 술을 사야 하는 내게 오랫동안 '법인카드' 노릇을 해온 친구였다. 사업가인 남편을 따라 베이징에 살면서 국제전화로 심심하다고 하소연을 늘어놓던 그녀는 비행기표만 끊어 중국에 오면 우리 일행을 며칠이고 먹이고 재워주겠다고 꼬드겼다.

우리끼리 베이징 시내를 관광하다가 소수민족 박물관을 둘러보기로 했다. 드넓은 중국을 다 돌아볼 수는 없지만, 소수민족의 체취와 생활상을 주마간산으로라도 엿보자는 사뭇 학구적인 취지에서였다. '하나의 중국'이라는 미명 아래 중국 정부는 56개 소수민족의 정치적 독립을 강력히 통제하고 있지만 소수민족의 더 큰 반발을 막기 위해 고유의 문화에 대해서만큼은 관대한 정책을 펴고 있다. 시내 중심가의 소수민족 박물관은 그런 정책의 산물이었다.

처음에는 모든 민족관을 다 둘러본다는 계획이었지만, 그건 대륙의 스케일을 짐작치 못한 우리의 오판이었다. 문을 열자마자 입장했지만, 절반도 돌아보지 못한 가운데 점심시간이 훌쩍 다가왔다. '금강산 구경도 식후경'이라는 말도 있지 않은가. 시장기가 밀려드니 구경거리가 눈에 들어오지 않았다.

그럴 즈음, 눈길을 확 잡아끄는 광경이 눈에 띄었다. 한 수수한 건물 나무그늘 아래 탁자에서 누군가 무언가를 먹고 있었다. 우동! 이었다. 간단한 과자나 빵이라도 마다 않을 판인데 '면사모'인 내가 열광하는 우동이라니. 웬만하면 박물관을 빠져나가 시내의 제대로 된 중식당에서 점심을 해결하자는 유시춘 언니에게 배고파서 도저히 못 걷겠다며 엄살을 부렸다.

단돈 3,000원으로 즐긴 황후의 오찬

둘밖에 없는 나무탁자 중 하나를 차지한 우리 일행은 넷이서 요기만 할 요량으로 우동 두 그릇을 시켰다. 중국말이 통하지 않으니 그저 옆 사람이 먹는 음식을 가리키는 것으로 주문 완료. 주문을 마치고 둘러보니 대나무숲으로 둘러싸인 마당은 군데군데 나무가 심어져 운치가 있었다. 알고 보니 수수한 건물은 묘족苗族관이란다.

중국과 라오스의 국경지대, 경제적으로 가장 낙후한 운남성에 주로 거주하면서 오랜 세월 한족으로부터 지독한 탄압과 모진 민족적 차별을 받아온, 그러면서도 산악민족 특유의 독특한 생활풍습을 고수한다는 묘족(샨족으로도 불린다)의 음식은 어떤 맛일까.

규모가 조촐한 묘족관을 잠시 둘러보고 나오니 묘족 특유의 머리장식과 장신구로 치장한 예쁘장한 소녀가 이내 우동을 날라왔다. 살림꾼답게 눈썰미가 날카로운 시춘 언니가 "어머나, 이 빠진 그릇일세. 이런 그릇은 집에서도 안 쓰는데 식당에서 내놓다니!" 하며 혀를 찼다. '장맛보다 뚝배기' 맛이라는데 음식 맛은 안 봐도 뻔하다는 듯.

그러나 섣부른 예단이었다. 우동을 한 입 먹자마자 네 여자는 "와,

맛있다", "끝내준다", "최고네" 각기 다른 표현으로 칭찬했다. 급기야 시춘 언니가 소녀에게 손짓발짓으로 메뉴판을 부탁했다. 국어교사 출신인 그녀는 중국어 메뉴판을 지식 반, 짐작 반으로 해독하면서 두 가지 요리를 주문했다. 요리를 시키는데 술이 빠질 수가 있나. 고량주를 찾았더니 귀주만 있단다. 귀주라? 아쉬운 대로 그거라도 달라고 했다.

일단 우동 반 그릇으로 급한 불은 껐겠다, 의자에 늘어지게 기대어 나뭇잎 사이로 부서지는 초여름 햇살을 즐긴 지 얼마나 됐을까, 요리 두 접시가 날라져왔다. 우동 그릇처럼 요리 접시도 두어 군데씩 이가 빠져 있었지만, 더 이상 문제되지 않는 분위기였다.

하나는 시금치 요리였는데, 센 불에 살짝 볶아낸 시금치는 새파란 색깔이 먹음직스러웠고 향기로웠으며 섬유질이 살아 있었다. 적당히 부드러우면서도 아삭아삭한 식감의 시금치는 '이게 정녕 시금치란 말인가' 감탄을 자아냈다. 우리네 시장에서 흔하디흔한 시금치가 묘족의 손길을 거치면서 고급 요리로 우아하게 변신한 것이다. 어디서나 구할 수 있는 평범한 재료를 불과 간으로 천상의 음식으로 만드는 셰프야말로 진정한 요리의 고수일 터.

또 다른 메뉴인 '마파두부'는 고수의 솜씨를 확고하게 입증했다. 마파두부를 유난히 좋아하는지라 서울의 내로라하는 중식당에서 여러 번 맛보았을 뿐더러 집에서도 가끔 해먹어서, 비평가로서의 자격이 충분하다고 자부하는 터였다.

우리 일행은 이 집의 마파두부가 이제까지 맛본 마파두부 중 최고라는 데 의견의 일치를 보았다. 말랑한 두부는 치즈보다도 더 섬세하고 부드러웠다. 매콤하되 간이 딱 맞는 양념은 두부 맛을 해치거나 간섭하는 대신 오히려 풍부하게 해주었다. 엉성한 나무탁자, 이 빠진 사기그릇의 간이식당에서 이토록 맛난 요리를 먹게 될 줄이야.

술 또한 요리와 걸맞은 수준이었다. 앙증맞으리만큼 작은 호리병에 담긴 귀주는 코냑 못지않게 향기로웠고 여느 중국술과 달리 목넘김이 부드러우면서 가볍지 않은 맛이었다. 술과 요리, 굳이 무게를 달아도 양쪽의 균형이 팽팽할 정도로.(묘족은 마을을 방문하는 손님에게 반드시 술 아홉 잔을 권하고, 이를 마셔야만 마을에 들이는 풍습을 갖고 있다. 그러니 술이 맛있을 수밖에)

흥분한 우리 일행은 다른 데로 옮길 것 없이 이 식당에서 끝장을 보기로 했다. 또 다른 메뉴 두 가지에 귀주 두 병, 다시 또 다른 메뉴 두 가지에 귀주 두 병. 주문을 받는 소녀가 머리장식을 흔들면서 주방과 마당을 분주히 들락거렸다. 양명한 햇살 아래 살랑거리는 바람을 즐기면서 행복한 시간이 느리게 흘러갔다. 시춘 언니가 큰 깨달음을 얻은 도인처럼 외쳤다.

"인생 별거 있어. 이런 게 행복이지!"

여섯 번째 요리 접시를 다 비워갈 무렵이었다. 애순 언니가 옆자리 손님이 먹는 요리를 보더니 "아, 저것도 먹고 싶다" 군침을 삼켰다. 모두 어처구니없는 표정으로 쳐다보니 무안한 듯 말했다.

"아니, 배는 부른데 맛이 어떤가 궁금해서."

시간이 흐른 지금도 언니는 그 요리를 맛보지 못한 걸 못내 애석해한다.

감동은 음식 값을 계산하는 순간 절정에 이르렀다. 우리 일행이 두 시간 넘게 즐긴 우동 두 그릇과 요리 여섯 접시, 귀주 다섯 병의 값은 우리 돈으로 1만2,000원. 1인당 단돈 3,000원으로 황후의 오찬을 즐긴 것이다. 그릇 타박을 했던 시춘 언니는 중국 여행 내내, 아니 돌아온 후에도 그날의 점심을 화제에 올렸다. '내 인생 최고의 오찬'이었노라고. 다음날 베이징에서도 손꼽히는 최고급 레스토랑에서 우리 일행을 대접한 정희에겐 미안한 일이지만, 나머지 셋도 그녀의 의견에 동의했다.

- 4부 -

우정의 길에서

훔쳐보기와
·
보디랭귀지로 맛본
·
뜻밖의 음식

　〈제주올레여행-놀멍 쉬멍 걸으멍〉을 펴내기 전에 사진이며 편집 일을 거들어준 후배들에게 약속했다. "이 책 3만 부 팔리면 이 언니가 해외여행 쏜다"고. 그때만 해도 3만 부를 넘기리라고는 생각도 못했으니 일단 '공약'으로 큰 부담이 없었고, 약속을 지킬 수 있다면 그 또한 좋은 일이었기에.
　한데, 1년여가 흘러 정말 3만 부가 넘었다는 출판사의 전화를 받게 되었다. 야차 같은 후배들이 그 공약을 까먹을 리 만무했다. 이미 두어 달 전부터 아직도 3만 부가 다 안 나갔느냐고 물어보던 그녀들이었다. 외국이라 했으니, 적어도 가까운 일본이라도 다녀와야 할 터. 기왕이면 '피가 되고 살이 되는' 유익한 여행을 하고 싶었다. 제주도보다 훨씬 먼저 유네스코 세계자연유산으로 등재된 야쿠시마에 가보는 건 어떨까. 야쿠시마는 원시자연이 고스란히 남아 있다는, 영화 〈원령공주〉의 무대로도 유명한 곳이었다. 후배들에게 제안했더니 다들 찬동했다. 선배의 스폰으로 떠나는 공짜여행이니 어딘들 마다하랴. 2010년 가을이었다.

 워낙 물가가 비싼 일본인지라 현지에서 가장 싼 숙소와 저렴한 비행기표를 택해야 했다. 야쿠시마 섬으로 가기 전에 가고시마 시에서 하루 묵기로 했다. 박물관과 미술관을 둘러보겠다는 우아한 후배들과 달리 나는 "발길 닿는 대로 돌아다니면서 멋진 남자나 헌팅할란다" 너스레를 떨면서 혼자 시내로 진출했다. 가고시마는 메이지유신을 이끈 3걸 중 한 명인 사이고 다카모리의 고향인지라 곳곳에 그의 흔적이 남아 있고, 크고 작은 동상이 시내 어디에서나 보였다. 저녁때 호텔에서 다시 만난 후배들에게 "오늘 어떤 남자를 만나서 온종일 함께 돌아다니다가 한 시간 전에 헤어졌다"고 했더니 모두들 반신반의하는 눈치였다. 그러나 눈치 빠른 후배 은주는 '이 도시에서 굉장히 유명한 사람'이라는 내 설명에 "혹시 사이고 아냐?" 되물었다. 나는 기습적인 질문에 움찔했고, 모두들 폭소를 터뜨렸다.

호텔은 역시 이 도시에서 가장 저렴한 숙소다웠다. 캡슐을 연상케 할 만큼 방은 좁아터졌고 욕실에는 달랑 샤워기만 있는데다 비치된 물품도 초간단 세트. 정수기에 자판기에 갖가지 생활용품까지 고루 비치해놓은 우리나라 모텔이 그리워지는 순간이었다. 모두들 호텔을 나가 한잔하고 싶은 눈치였다.

호텔에서 한참 걸어나가 시내 뒷골목으로 접어들면서부터 맞춤한 '이자카야'(일본식 선술집)를 물색하기 시작했다. 여긴 이렇고, 저긴 저렇고, 나름 개성 강한 한국 여자 다섯은 논란 끝에 붉은 등이 내걸린 한 이자카야에 들어갔다. 남자 손님이 두엇 이미 자리를 잡은 걸 보면 동네 단골이 많은 집인 듯했다. 여주인은 영어를 한마디도 못하는데다 메뉴판은 일본어로만 쓰여 있었다.

"제기랄, 한자도 별로 없잖아."

이럴 때 방법은 딱 한 가지다. 옆 손님의 안주 훔쳐보기! 맛있겠다 싶으면 손가락으로 저걸 달라고 가리키기! 술은 가고시마에 왔으니 어디까지나 '가고시마 소주'.(가고시마는 고구마 주산지로 고구마 소주가 유명하다) 주문을 받는 아줌마 표정이 약간 이상하더라 싶더니만, 날라져온 안주는 손바닥만한 생선구이 한 점이었다. 그때부터 우리의 안주발은 이성을 잃고 불타올랐다. 이것도요, 저것도요, 아니 그것도요.

카운터에 앉아 혼자 술을 마시던 중년 남자가 우리를 유심히 지켜보더니 서툰 우리말로 인사를 건네왔다. 한국을 좋아한다면서, 서울에 가봤다면서. 우리가 가고시마 소주를 맛있게 마시는 모습을 보고 흐뭇한 표정을 짓더니 자기 술도 한번 마셔보란다. 그러고 보니 카운터 뒤편 장식장에는 됫병 소주병과 정종병이 즐비한데 한결같이 이름표가 주렁주렁 매달려 있다. 하기야 우리처럼 무리 지어 술집을 드나드는 게 아니라 퇴근길에 혼자 동네 선술집에 들러 목을 축이고 가는 게 일본인들의 술 문화이니 그럴 만도 하다.

그 남자가 술을 희사한 건 감사한 일이지만, 그 때문에 안주가 더 필요했다. 다른 테이블에 나온 자그마한 무쇠솥에 끓여 먹는 탕이 맛있어 보여서 그걸 시켰다.(한국 사람들은 역시 막판엔 국물이다!) 그게 결정적인 패착이었다. 나중에 계산하면서 확인해보니 그 전에 시킨 모든 안주의 가격과 맞먹는 비싼 안주였다. 크레디트 카드가 안 된다기에 우리 일행은 각자 가진 현금을 탈탈 털어 겨우 계산을 마쳤다. 됫병을 희사한 아저씨가 한잔 사겠다며 따라나섰지만 우리는 공손하게 '사요나라' 쿨하게 인사한 뒤 호텔로 돌아왔다.

돌아오는 길에 쓸데없는 생각이 문득 뇌리를 스쳤다. 떼뭉쳐서 마시다가 마지막 전철에 혼자 몸을 구겨넣고 쓰러져 자는 한국 남자들이 외로운 걸까, 퇴근길에 나 홀로 한잔 술을 마신 뒤 집으로 돌아가는 일본 남자들이 더 외로운 걸까.

닭 요리 기대했더니 달걀부침이

야쿠시마는 섬이지만 바다보다 산과 숲으로 더 유명하다. 해발 1,935미터의 미야노우라다케 산을 비롯해 1,000미터가 넘는 고산들과 수천 년 수령을 자랑하는 삼나무숲을 품은 이 섬의 국립공원에는 야생의 자연을 고스란히 살린 생태탐방로가 나 있다.

그러나 우리는 국립공원보다 바닷길을 먼저 걸어보고 싶어서 배가 정박하는 항구에서부터 걷기로 했다. 지역 실정을 전혀 몰랐기 때문에 저지른 모험이었다. 제주도 해안과 달리 이곳 해안은 바다에 바짝 붙어서 좁은 아스팔트 도로가 나 있고, 인도는 물론이거니와 갓길조차 없었다. 오로지 렌터카 드라이브족이나 간간이 지나는 공용버스로만 통행이 가능한 길이었다.

도로 폭이 좁으니 소음이 더 가까이 느껴졌을 뿐더러 비켜설 곳이 마땅치 않아 위험하기까지 했다. 버스를 타려 했지만 언제 지나갈지 기약도 없었다. 하는 수 없이 '히치하이킹'을 하기로 하고, 가장 어린 후배 둘이 손을 흔들어댔지만 아무도 세워주지 않았다. 점점 시간은 흘러갔고, 배까지 고파왔다. 생존을 위해 우리는 두 팀으로 나누기로 했다. 숙소에서 다시 만나자고 기약하면서.

 은주와 내가 한 팀이 되어 걷다가 기적적으로 젊은 여성이 운전하는 차를 얻어타게 되었다. 배고픔을 못 참는 우리는 도중에 관광지처럼 보이는 해변이 나타나자 세워달라고 했다. 연이은 패착이었다. 그곳은 완벽한 여름 휴양지인 듯 모든 가게가 철시 상태였다. '철 지난 바닷가'가 얼마나 황량할 수 있는지를 보여주려는 듯, 철썩철썩 파도소리만 요란했다.

 주린 배를 움켜쥐고 10여 분쯤 걸어 내려가다 보니 반갑게도 작은 마을이 엎드려 있었다. 마을 안길에 과자 따위를 파는 작은 가게 하나가 보였지만, 굶어죽기 전에는 과자나 빵으로 때우지 않는 게 내 신념이었다. 먹이를 찾아 헤매는 하이에나의 눈빛이 그랬을까. 간판도 없는 허름한 집이 딱 눈에 걸려들었다.

 "저 집, 식당 같지 않니?"

 "글쎄, 간판도 없는데."

 "아냐, 식당이 분명해. 저 여닫이문 좀 봐. 보통 민가의 문하고는 다르잖아."

　유리문을 조심스레 밀어보니, 오 하느님 감사합니다, 식당이었다! 우동도 팔고 다른 먹을거리도 팔고 술도 파는. 문제는 또다시 언어였다. 규슈에서 제법 큰 도시인 가고시마에서도 안 통하는 영어가 이 조그마한 해안가 마을에서 통할 리 만무했다. 일단 판독이 가능한 우동을 시켜놓고 벽에 붙은 메뉴판(이랄 것도 없이 종이에 휘갈겨놓은)을 꼼꼼히 훑어보았다. 제기랄, 또 히라가나 가타가나 투성이였다. 한자로만 써도 조금은 알아듣겠는데 말이다.

　주인 할머니의 순발력에 기대는 수밖에 없었다. 손가락으로 하나씩 짚어가며 몸짓으로 물었다. 할머니 또한 현란한 몸짓으로 대답했다. 첫 메뉴를 짚자 물고기 요리인지 두 팔을 크게 벌려 헤엄치는 동작을 취했다. 그러나 어젯밤 가고시마에서처럼 손톱만한 물고기라면 곤란하다.

　옆의 메뉴를 짚었더니 이번엔 닭이 날갯짓하는 포즈를 취하면서 닭 울음소리까지 곁들였다. 됐다, 이걸로 하자. 닭을 어떻게 요리하는지는 몰라도, 최소한 물고기처럼 다양한 변수는 없겠지 싶었다. 우동이 먼저 날라져오자, 우리는 정종도 한 고뿌씩 시켰다. 할머니는 대낮부터 술을 찾는 한국 여자들이 신기한 듯 쳐다보았다. "오이시(맛있어요)~"

하며 엄지손가락을 치켜세웠더니 할머니는 합죽한 입을 오므리며 웃으신다. 어느 대륙, 어느 나라나 시골 할머니들 표정은 닮아 있다.

따뜻한 우동 국물과 정종으로 해안 콘크리트길을 걷느라 녹초가 된 몸과 마음을 달래는데, 드디어 기다리던 요리가 등장했다. 에계계, 닭 요리가 아닌 달걀부침이다. 우리가 깜짝 놀라자 할머니가 오히려 더 놀란 표정이다. 할머니가 아까 동작을 다시 해 보였는데, 그제야 우리의 실수를 깨달았다. 할머니는 닭이 날갯짓하는 포즈를 취한 뒤 한 손으로 알 낳는 동작을 취했는데, 우리가 그걸 놓친 것이었다. 우리가 까르르 웃음을 터뜨리자 할머니 얼굴에도 주름꽃이 가득 폈다.

"그래요. 할머니, 맛있게 먹을게요."

"닭도 첨엔 계란이었어. 닭이나 계란이나."

할머니는 뒤늦게 버스를 타고 그 마을에 나타난 우리 일행 세 명에게 손짓발짓으로 한국 여자들이 우동과 술을 먹고 마시고 갔다고 손짓발짓으로 설명하더란다. 식사를 마치고 포구에서 휴식 중인 우리를 찾아나선 그네들은 우리를 놀려댔다.

"여기 있을 줄 알았어. 식당 할머니가 한국 여자들이 술과 음식을 엄청 먹고 마시고 갔다면서 우리보고 묻던데. 왜 정종 안 마시느냐고."

삿포로 '먹보 올레'와
오키나와의 슬픈 역사

    2011년 1월 이스타 항공의 임직원 연수에 초대받아 삿포로에 갈 기회가 생겼다. 사춘기 여중생 시절 일본 소설에 빠져든 적이 있는데, 가와바타 야스나리의 〈설국〉을 읽은 것도 그즈음이었다. 소설은 이렇게 시작된다.
    '국경의 긴 터널을 빠져나오자 눈의 고장이었다.'
    1년에 한 번도 눈 구경하기 힘든 따뜻한 서귀포읍에 살던 내게 설국은 로망이었다.

우리가 도착한 날 눈이 허리춤까지 쌓인 삿포로에는 때마침 눈발이 날리고 있었다. 쌓인 눈 위로 다시 눈송이가 펄펄 떨어지는 모습을 보노라니 우동과 라면 생각이 간절했다. 특급호텔의 뷔페 음식은 가짓수만 많고 겉보기만 화려할 뿐, 특유의 '한 방'이 없었다. 삿포로에 와서 그 흔한 호텔 음식을 먹는 건 이 도시에 대한 예의가 아니지 않은가.

다음날 단체관광 일정에 동행하지 않기로 결심했다. 관광 일정에 들어간 명소들은 이미 가본 곳이 대부분인데다 식사 장소도 그저 그런 정통 일식집이었다. 그보다는 삿포로 시내 올레를 하면서 서민 음식을 맛보고 다니는 게 백번 재미있을 것 같았다. 룸메이트인 전순옥 박사(민주통합당 국회의원)에게 내 생각을 이야기했더니 뜻밖에 전 박사도 나랑 동행하겠단다. 나는 길치이고 즉흥적인데다 모험적이라 함께 다니면 위험하다고 말렸는데도 그녀는 고집을 피웠다. 당신이랑 다니면 왠지 흥미진진한 일이 생길 것 같다면서.

결국 일행을 떠나보내고 우리 둘은 한글로 된 시내 지도를 구해서 거리로 나섰다.

노면 전차를 타고 시내 중심가에 내려 슬슬 걸으면서 탐색전을 펴기 시작했다. 30분쯤 걸었을까. 자그마한 라면집이 눈에 띄었다. 안을 슬쩍 들여다보니 콧수염을 기른 중년 남자가 앞치마를 두른 채 부지런히 움직이고 있었다. 딱 내가 상상하던 라면집에 걸맞은 가게 풍경이자 주인의 풍모였다.

들어가서 메뉴를 살펴보는데 역시 까막눈이다. 여러 라면 중 뭐가 된장 베이스인지 돼지고기 베이스인지, 뭐가 숙주가 들어가고 안 들어가는지 알 도리가 없다. 주인에게 손짓발짓으로 서로 다른 종류로 두 가지를 달라고 주문한 뒤 따끈한 정종도 달랬더니, 자기네 가게에선 술을 안 판단다. 눈 내리는 이국땅 삿포로에서 시간도 널널한데 낮술 한잔 할 수 없다니, 이 무슨 비보란 말인가.

주인이 외려 미안한 표정으로 바깥을 가리키며 손짓발짓을 한다. 다른 가게에서 사다 먹는 건 괜찮다는 뜻이렷다. 다행히 바로 옆에 편의점이 있기에 컵정종을 하나 사왔다. 전 박사가 눈을 똥그랗게 뜨고 "아니, 낮에도 술을 마셔요?" 묻는다. 술을 밤에만 먹으라는 법이 있나요?

과연 라면 맛은 훌륭했다. 미소 라면도, 돈코츠 라면도 다 개성이 뚜렷했고 면발도 탱탱했다. 대형 공장에서 만든 건면은 기름에 튀기기 때문에 아무리 담백함을 강조하는 브랜드라도 느끼한 맛이 얼마간 느껴지는데, 생라면은 담백한데다 면발의 쫄깃거림이 느껴져서 좋다.

숙취를 풀어주는 국물을 마시면서 정종을 홀짝거리는데, 옆에서 전 박사가 호기심 어린 눈길로 말을 건넨다.

"맛있어요?"

"그럼요. 한잔 해볼래요?"

"그럴까요? 난 술 거의 못하는데."

"누가 많이 마시래요? 조금만 맛봐요. 술도 음식이니까."

"그래볼까요?"

라면집은 서막에 불과했다. 그 뒤로도 우리는 한 시간쯤 걷다가 우동 먹고, 또 한 시간쯤 걷다가 라면을 먹는 '먹보 올레' 행진을 이어 갔다. 그날 밤 호텔 뒤편 이자카야까지 합치면 그날 먹은 끼니만 무려 다섯 끼.

그날 이후 삿포로는 내게 눈의 도시이자 면의 도시로 또렷이 각인되었다.

일본 맥주가 아니라 오키나와 맥주다

2012년 3월 말, 4박 5일의 빡센 '규슈 올레' 답사 일정에서 돌아온 지 하루 만에 선배 언니들과 오키나와 3박 4일 여행을 떠나게 되었다. 십자매의 대빵이자 '선주 스쿨'의 교장인 김선주 선배의 남편이 큰 수술을 하고 난 뒤 결혼 35주년 기념여행을 떠나는 데 동행하기로 한 것이다. 단체여행은 다들 싫어하지만, 자유여행을 하려면 준비해야 할 게 많은데다 비용도 더 들어서 패키지여행을 하기로 했다.

지진 여파로 한국 관광객이 크게 줄어들어 여행 경비에 비해 숙소도 아주 럭셔리했고, 식당도 일류였다. 일행은 이만하면 패키지도 할 만하다면서 만족스러워했다. 그래도 난 어딘지 모르게 불편했고 불만족스러웠다. 짜인 스케줄에 따라 똑같이 움직이는 건 역시 생리에 맞지 않았다.

첫째 날 밤 저녁식사를 하면서 선배들에게 둘째 날은 자유 일정으로 혼자 다녀보겠다고 조심스레 이야기를 꺼냈다. 선배들은 내 취향을 워낙 잘 아는지라 이해는 하면서도 말리려 들었다. 그래도 낼 일정에는 아시아 초대형 아쿠아리움(수족관)이 있어서 볼 만할 거야, 내일 점심 장소는 이 지역에서 유명한 향토음식점인데 굉장히 비싼 곳이라 개인적으로 오면 먹기 힘들대, 여러 이유를 들이댔다.

그러나 선배들도 내 고집을 꺾지는 못했다. 다음날 아침 나만 너무 유난을 떠는 것 같아 무거웠던 마음은 홀로 호텔을 나선 순간 씻은 듯 사라졌다. 역시 여행은 자유가 필수야, 야호! 프런트 직원이 가르쳐준 대로 버스를 타고, 다시 버스에서 내려 시내 중심가로 가는 모노레일로 갈아탔다.

도심의 메인 스트리트인 국제자유거리에 섰다. 화려한 외관과 다양한 관광상품으로 외국 관광객들의 주머니를 공략하는 거리다. 대로변 상점가를 설렁설렁 구경하다가 뒷골목으로 접어들었더니 재래시장이다. 메인 거리와는 느낌이 완연히 다르다. 파는 물건도 좀 더 토속적이고, 거리 풍경도 살아 있다. 더 깊숙이 골목 안으로 들어갔더니 공설시장 간판이 달려 있는 건물이 보인다. 건물 1층 입구에는 할머니들이 직접 만드는 절임류와 채소류 반찬가게가, 안쪽에는 인근 해역에서 잡힌 각종 생선과 어패류를 파는 활어시장이 들어서 있다. 제주 바다에서는 거의 멸종된 닭게가 보이기에 유심히 들여다보는데, 주인이 손짓 발짓으로 여기서 사가면 2층에서 먹을 수 있단다.

귀띔 받은 대로 2층으로 올라가보니 음식점들은 아래층에서 사 온 해산물을 손질해주거나 요리를 만들어주고, 별도의 음식을 팔기도 했다. 그중 맛있어 뵈는 한 식당에 자리를 잡았다. 다행히도 한자가 섞인 메뉴판을 살폈더니 '돼지귀 요리'가 눈에 띄었다. 오키나와는 본디 돼지고기 요리로 유명한 고장. 아무리 그래도 그렇지, 돼지귀 요리라니. 돼지 요리라면 어디 가도 빠지지 않는 다양한 레시피를 자랑하는 제주 출신이지만, 처음 들어보는 특수부위 요리였다. 가격도 물가 비싼 일본치고는 무척 착한 300엔. 돼지귀와 '오리온'이라는 상표의 맥주

한 잔을 시켰다.

돼지귀 요리는 내 기대를 철저히 배반했다. 일본풍의 섬세한 조리법과 특별한 소스를 기대했는데, 그냥 돼지귀를 썰어서 간장과 함께 내온 게 전부였다.

먹어보니 질긴 종잇장을 씹는 기분이었다. 대신 맥주는 맛있었다. 역시 맥주는 일본 맥주가 맛있다니까. 입가에 묻은 거품을 살짝 혀로 핥아내면서 한국인 손님을 유심히 지켜보는 아가씨에게 한마디 호기롭게 던졌다.

"니뽄 비루, 스고이 오이시(정말 맛있어요)!!"

웬걸, 아가씨는 상냥한 미소 대신 정색을 하며 내 말을 정정하는 게 아닌가.

"노 니뽄 비루! 오키나와 비루!!"

오키나와는 일본 아닌가? 예의 바른 일본인이 왜 그렇듯 정색을 하고 반박하는지 의아했지만, 인사말밖에 못하는 짧은 일본어로 그 이유를 물어볼 수는 없는 노릇. 그저 다시 한 번 "오키나와 비루, 스고이 오이시"라고 말해주는 수밖에. 그제야 아가씨는 활짝 미소를 지었다.

앞치마를 두른 할머니가 옆에 앉아도 되겠느냐고 양해를 구했다. 심심하던 터에 팔을 벌려 대환영! 할머니는 메뉴판을 보지도 않고 뭔가를 주문했다. 아래층에서 반찬을 파는 할머니 같아서 물어보았더니 그렇단다. 내 앞의 돼지귀 요리를 보더니 먹을 만하냐고 손짓발짓으로 묻는다. 머 생각 같아서는 '졸라 맛없다'고 말하고 싶었지만, 웃으면서 고개를 끄덕였더니, 이가 반쯤 빠진 입안을 드러내면서 웃는다.

스페인 산티아고 길 종착지인 '산티아고 데 콤포스텔라' 전통시장에서 올리브를 팔던 할머니와도, 제주올레 6코스 매일올레시장에서 딱새우를 파는 할머니와도 닮았다. 한평생을 오로지 자신의 노동에 의지해서 고달프지만 정직하게 살아온 사람들에게 지문처럼 새겨지는 주름살과 표정……

할머니 앞으로 나온 음식은 척 보기에도 먹음직스럽고 푸짐했다. 기름진 뿌연 국물 안에 족발 서너 점과 배추. 가끔 들르는 서귀포 시내 '봉수네 집'의 족발탕과 흡사했다. 돼지고기를 좋아하는 오키나와와 제주의 공통점을 두 눈으로 확인하는 순간이었다. 두 지방 모두 장수촌으로 유명한데, 장수 요인으로 맑은 공기와 물, 그리고 채소와 돼지고기를 즐기는 식문화가 꼽힌다.

그녀는 인정 많은 할머니였다. 생면부지의 내게 반찬으로 딸려 나온 사라다(샐러드)를 먹으라고 권했다. 정작 내가 먹고 싶은 건 사라다가 아니라 탕 속의 족발 한 점이었지만, 건네주는 사라다를 감사하게 받았다. 돼지귀보다는 맛있었다.

　마지막 날 관광 일정에는 태평양전쟁 희생자들을 추모하는 평화공원이 들어 있었다. 그 공원에 가보고 나서야 나는 공설시장 밥집 아가씨가 보인 과민반응을 비로소 이해하게 되었다. 당시 오키나와는 일본이 연합군의 공격에 맞서 결사항전을 불사한 '결6호 작전' 지역이었다. 제주도가 '결7호 작전' 지역이었던 것처럼.

　일본 천황이 예상을 뒤엎고 일찍 항복 선언을 하면서 제주도는 간신히 실제 전쟁의 참화를 피해갔지만 오키나와는 비극적인 최후를 맞았다. 당시 일본 본토에서는 민간인이 전쟁에 직접 동원되지 않았지만, 오키나와 주민들만 예외적으로 전쟁에 대대적으로 동원되었다. 남은 주민들에게도 미군이 점령하기 전에 자결하거나 가족끼리 죽이도록 강제하는 일이 벌어졌다. 전쟁을 피해 동굴로 피신한 사람들은 굶어서 죽었으니, 이리 죽으나 저리 죽으나 죽기는 매일반이었다. 당시 치열한 지상전으로 20만 명 이상이 희생되었고, 오키나와 현민 네 명 중 한 명이 목숨을 잃었다. 죽음이 휩쓸고 간 황량한 섬 오키나와는 한동안 미군에 점령당했다가 다시 일본으로 귀속되어 오늘날에 이른 것이다.

　본디 오키나와는 원주민인 유큐족이 독자적인 해상왕국을 일으켜 막강한 경제력을 구축하고 고유의 문화를 형성했던 곳. 일본 본토와는 인종도 문화도 달랐다. 그런 유큐 왕국을 일본이 강제로 복속시켜 경제력을 장악하고 문화를 말살하더니 급기야 본토 방어를 위해 원주민들을 총알받이로 희생시켰으니, 원한이 사무칠 밖에. '일본 맥주가 아니라 오키나와 맥주'라는 아가씨의 항변에는 오랜 세월 켜켜이 쌓인 원한과 분노, 자부심이 깃든 게 아니었을까.

총칼로 한 민족을 일시적으로 복속시킬 수는 있지만, 유구한 문화까지 말살할 수는 없다. 민족의 정체성과 가장 뿌리 깊게 닿아 있는 게 음식 문화다. '하나의 러시아'를 표방한 러시아 당국조차 고구려인 촌에 면면히 내려오는 한국식 장 문화를 없애지는 못했다.

세심한 배려와
•
독창성이 어우러진
•
규슈의 음식들

규슈 여행을 개인적으로 다닌 적은 있지만, 규슈 올레를 내기 위해 공식적으로 방문한 것은 처음이었다(2011년 가을). 각 현과 시의 초청이었기에 대접은 융숭했고, 가난한 한국의 여행자로서는 엄두도 못 내볼 최고의 료칸(여관)과 식당을 체험할 기회도 갖게 되었다.

첫날 1,300년 전통의 온천 마을 다케오 시에서 시장이 직접 주재한 만찬은 온천장에서 즐기는 가이세키 요리(일본 정식 요리)였다. 나이 지긋한 노신사가 앞장서고 일본인치고는 기럭지가 무지 우월한 호리호리한 청년이 따라 들어오기에 '저 노신사가 시장이고 저 청년은 수행비서인가 보다' 지레짐작했다. 그들 일행은 열 명 남짓. 만찬이 시작되고 만찬사를 위해 자리에서 일어난 이는 뜻밖에도 수행비서로 짐작한 청년이었다. 도쿄대 출신으로 삼십대에 시장이 되어 재선에 성공했다는 그의 나이는 불과 41세. 일본을 노령사회로 치부했던 내게는 놀라운 일이었다.(나중에 만난 가미아마쿠사 시 시장은 재선인데도 불과 38세. 더 젊었다!!)

그는 연설을 시작하자마자 양해를 구했다. 일정이 빡빡해서 한 시간 후에 자리를 떠야 하니 너그러이 이해하시고 오늘의 만찬을 길게 즐겨달라고. 식사만큼은 편한 자리에서 편한 사람들과 해야 한다고 생각하는 나로서는 오히려 다행스러운 일이었다. 그의 환영연설이 끝나고 내 차례가 돌아왔다. 제주올레를 만들게 된 동기와 규슈 올레길을 내게 된 사연, 길에 대한 기대를 최대한 짧게 풀어놓았다.(맛있는 음식을 앞에 두고 긴 연설을 들어야 하는 건 고문이다. 음식 고문!!!!)

본격적으로 만찬이 시작되고, 온천장에서 최대한 성심껏 준비했다는 음식이 차례로 들어왔다. 약간은 긴장되고 어색했던 분위기가 음식과 술이 들어가면서 조금씩 풀리기 시작했다. 워낙 일본 음식을 좋아하는 내가 순서대로 나오는 음식을 무엇이든 맛있게 먹자 다케오 시측에서는 매우 기뻐하는 눈치였다. 도중에 자리를 뜨겠노라 미리 양해를 구했던 시장은 두 시간 반가량 계속된 만찬을 끝까지 함께했다. 뿐만 아니라 다음날 오전 일정을 전면 취소하고 우리의 답사에 동행해 직접 현장을 안내하겠노라고 자청하고 나섰다. 역시 밥을 함께 먹다 보면 친밀감이 높아지고, 술이 들어가면 생각이 달라지는 법이다!

다음날 시장은 점퍼에 운동화 차림으로 온천장 로비에서 일찌감치 대기하고 있었다. 알고 보니 시장은 보스턴마라톤대회에도 참가했을 정도로 달리기 마니아였다. 그는 다케오 코스의 핵심이라 할 만한 호수와 산길을 안내하게 된 것을 못내 자랑스러워했다. 산 정상부에서 보이는 풍경은 참으로 근사했지만, 내리막길은 안전책도 없이 너무나 경사가 가팔랐다. 건장한 남자들만이 아니라 여성과 어린아이와 노인들까지 두루 걷는 게 올레길이다, 그 문제를 지적했더니 시장은 개장 전에 만반의 조치를 취해놓으라고 동행한 공무원에게 즉각 지시했다.

산에서 내려오자마자 올레 탐방 때문에 미뤄놓은 일정을 소화하기 위해 자동차로 떠나는 시장에게 물어보았다. 점심때 예정된 뷔페 대신 우동집에 가고 싶은데 다케오 시에는 유명한 전통 소바집이 없는가 하고. 시장은 화들짝 반색하면서 '소바를 좋아하느냐'고 되물었다. 그는 수행한 공무원에게 예약을 지시했다. 지역 사람들에게는 잘 알려진 맛집인 듯했다. 시장의 지시로 재미없는 뷔페 대신 전통 우동집에 가게 되었으니 작전은 대성공.(일본인들에게 일정 변경은 참으로 어려운 일이다!)

　12시에 점심이 예정되어 있었지만, 길을 답사하느라 우리는 12시 반이 다 되어서야 시내의 소바집에 도착했다. 소박한 외관이지만 맛집의 포스가 느껴졌다. 방 안에는 뜻밖에도 시장이 기다리고 있었다. 역시 젊은 시의회 의장과 함께였다. 선약이 있던 두 사람은 우리와 식사할 요량으로 약속 장소를 옮기고 우리 일행을 30분이나 기다린 것이었다.

　주방 입구에서 우동을 받고 나니 여러 종류의 어묵, 유부 주머니, 삶은 계란, 곤약, 야채 등이 즐비한 고명 코너가 기다린다. 자기 취향대로 고명을 선택하고 그만큼 더 계산하는 방식이었다. 나는 고심 끝에 어묵 두 종류, 유부 주머니, 계란, 곤약을 추가했다. 우동보다 고명이 더 많은 격이었다.

　시장은 흐뭇한 표정으로 우리를 지켜보았고, 나 역시 오랜 연륜이 풍기는 우동집 실내와 집 구석구석에 밴 맛있는 냄새에 자못 설렜다. 특별한 내공과 개성 없이, 평범한 스탠더드 맛으로 무장한 채 가짓수만 즐비한 뷔페식당에서 이런 설렘은 맛볼 수 없다. 오랜 세월과 한 가지 음식에만 쏟은 전문 음식점만이 선사하는 즐거움이다. 냄새가 맛을 배반하는 법은 거의 없다. 국물도, 쫄깃한 면발도, 쫀쫀한 어묵도, 어느 것 하나 나무랄 데 없는 완벽한 조화로움!

우리 일행이 우동을 너무나도 맛있게 먹자, 사람 좋아 보이는 시의회 의장이 한마디 했다.

"저는 한국 음식이 더 맛있던데요."

깜짝 놀라 한국 음식 중에 어떤 걸 좋아하느냐고 되묻자 그는 더 듬거리는 우리말로 "김치찌개, 불고기, 비빔밥, 순대, 그리고…… 한국 음식은 다 맛있어요. 특히 포장마차에서 먹는 건 뭐든지"라고 대답했다. 열렬한 어조로 한국 음식을 회상하던 그는 "저는 날마다 한국 음식만 먹어도 행복할 것 같습니다"라고 덧붙였다.

그에게 제주도에 오면 포장마차에서 한국 음식을 실컷 먹게 해주 겠노라고 약속했다. 어느 나라 음식이 세계에서 가장 맛있다, 는 식의 평가는 무의미하다. 어느 나라 경관이 더 아름답다는 식의 비교가 불가능한 것처럼. 음식은 취향이자 경험이요 궁합이다. 내가 이탈리아나 일본 음식을 좋아하는 것처럼, 그는 한국 음식을 사랑했다.

이렇게 맛있으니 '보리새우' 궁전이 생겼나 보다

수많은 섬을 거느린 구마모토 현 가미아마쿠사 시에서는 그중에서도 이와지마 섬에 올레 코스를 만들고 싶어했다. 국내외 관광객들에게는 거의 알려지지 않은, 주민 대다수가 어업에 종사하는 한적한 어촌이기에, 길을 통해 외부에 알리고 싶다는 것이었다.

마을 입구에는 이와지마 섬의 마을위원장이 마중 나와 있었다. 방수복에 고무장화를 신은 그는 얼핏 노련한 어부 같았지만, 정년퇴임한 전직 교장선생님이란다. 그는 우리 일행을 성심껏 안내했는데, 규슈 올레가 이 섬에 불러올 변화와 관광소득에 큰 기대를 갖는 듯했다. 그 기대에 부응하지 못하면 어떡하나, 은근히 걱정될 정도로.

한적한 어촌(열여섯 살의 나이로 일본 최대의 농민항쟁 '아마쿠사·시마바라의 난'을 주도했던 전설적인 영웅 아마쿠사 시로의 고향이기도 하다)을 지나 산 하나를 오르고 내린 끝에 마침내 이른 세토 내해의 해안. 사선으로 경사진 칼바위(일명 '빨래판' 해안)가 길게 뻗어 있는데, 눈앞에는 넘실거리는 푸른 물결뿐이다.

마을위원장이 그 바다를 애상에 젖은 눈길로 바라보면서 옛 이야기를 들려주었다.

"참 지지리도 못사는 어촌이었지요. 1960년대에 산업화가 본격 진행될 무렵 수많은 젊은이들이 도시로, 도시로 나가 공장에 취직을 했어요. 도시에서 일하면서도 그들은 고향의 푸른 바다를 잊지 못했어요. 이 지역 출신 작곡가가 이 바다를 그리워하면서 지은 가요도 있어요. 이곳 출신들은 가라오케에서 그 노래를 부르며 향수를 달래곤 했지요."

가사는 대충 이렇단다.

'지금도 그 바다는 여전히 푸른지, 아버지는 보리새우를 잘 잡고 계신지, 어머니가 저녁 짓는 연기는 여전히 피어오르는지.'

위원장은 노래를 흥얼거렸다. 무릇 모든 바다의 삶이 그렇다. 바다를 밭 삼아 일한다는 건 목숨을 담보로 하는 것. 그 일이 두렵고 지겨워 젊은이들은 고향을 떠나지만, 유년의 바다는 그리움으로 남는다.

위원장은 또 말한다. 조금만 더 가면 마을이 나타나는데, 그곳에 가면 보리새우 궁전이 여럿 있다고. 보리새우 궁전이라니? 혹 보리새우 박물관인가? 아니란다. 1980년대에 접어들면서 자금력 있는 몇몇 선주가 보리새우 양식에 뛰어들어 큰돈을 벌었단다. 그들은 큰돈을 벌자 교토의 대저택을 본떠 어마어마하게 으리으리한 저택을 지었고, 사람들은 그 집들을 '보리새우 궁전'이라 불렀다나.

아니나 다를까. 해안을 벗어나 마을로 접어드니 소박한 민가들 사이에 군데군데 고래등 같은 집들이 보였다. 이와지마의 자연 풍광이나 마을 분위기와 어울리지 않는, 이질적인 풍경이었다. 자신의 부를 과시하고 싶은 졸부들의 욕망으로 세워진 궁전들을 보노라니, 씁쓸하기 짝이 없었다.

섬을 떠나기 전에 유명한 향토음식점에서 점심을 먹었다. 메뉴는 오직 한 가지 보리새우덮밥뿐. 밥 위에 튀긴 보리새우 두세 마리가 얹혀 있었다. 소스에 살짝 버무려진 보리새우는 바삭하면서도 촉촉했고, 속살은 성성하면서도 달큰했다. 껍질까지 남김없이 먹고도 우리는 새우를 집었던 손가락을 쪽쪽 빨았다.

떠나기 전날 규슈 최남단 이부스키에서 마지막 만찬을 가졌다. 마지막 날이기도 했지만, 일본 전역에서 12년째 '프로가 뽑은 최고의 요리사'로 선정된 셰프가 일하는 료칸에서 최고급 가이세키 요리를 먹는다는 예고가 있었기에 더욱 설렜다.

만찬 장소부터 화려함의 극치였다. 이부스키의 심벌 사쿠라지마의 전경 그림이 걸린 만찬장. 화려한 기모노를 차려입은 여성들이 일일이 시중을 드는 방식으로 만찬이 진행되었다. 전채에서부터 초일류 요리사의 솜씨가 엿보였는데, 나오는 음식마다 전통과 독창성이 절묘하게 버무려진 맛과 색채감을 과시했다.

그중 마지막 하이라이트는 '사쿠라지마 소바'. 냉메밀을 첩첩이 산처럼 쌓아올리고 정상부에는 노란 계란지단 고명을 눈처럼 얇게 썰어

두툼하게 올려놓았다. 규모로도 압도적이었지만, 맛도 그지없이 훌륭했다. 소바 소스는 간결하면서도 깊은 맛으로 냉메밀의 구수한 맛을 탄탄하게 뒷받침했다.

지금도 날마다 연기를 뿜어올리는 소규모 폭발이 계속되고, 언제 대규모 폭발이 일어날지 모른다는 사쿠라지마. 그 위험천만한 활화산을 관광상품으로 활용하다 못해 요리의 모티브로까지 활용하는 일본인들. 이들에게 요리는 단순히 먹을거리나 식도락이 아닌 일종의 신앙일지도 모른다는 생각이 들었다.

스위스에서
•
내 고향 제주를 보다

　스위스 관광청과 '우정의 길' 협약을 맺기 위해 우선 스위스의 길을 둘러보기로 했다. 일주일이면 스위스 측이 제시하는 몇 개 구간을 걸을 수 있지만, 내친김에 스위스에서 3주쯤 보내기로 했다. 빙하와 알프스의 나라 스위스를 주마간산으로 둘러본다는 건 스위스에 대한 예의가 아닌 것 같았기에.
　레만 호 구간에서 호수보다도 더 깊은 인상을 남긴 건 12세기 무렵 수도사들이 조성했다는 포도밭이었다. 짙푸른 레만 호를 굽어보는

멀리 레만 호의
그림 같은 풍광을 감상하면서
자그마한 생선 요리에
레몬을 살짝 비틀어 뿌리니,
호수가 한 입에
들어오는 듯하다.

언덕 위에 계단식으로 포도나무를 심은 그들은 토사가 쓸려나가지 않도록 포도밭 주변에 석축을 두텁게 쌓았다. 수도사들의 포도나무에서 생산된 와인은 주변에 명성을 떨쳤고, 독특한 풍광을 자랑하는 계단식 포도밭은 유네스코 세계자연유산으로 지정되었다.

포도밭 사이로 난 길을 걸으면서 멀리 레만 호의 그림 같은 풍광을 감상하다 보면, 마을 어귀에 자리한 작은 레스토랑이 나타난다. 호숫가가 지척이니 어디서나 먹을 수 있는 스테이크나 파스타보다는 생선이 제격일 터. 자그마한 생선을 통째로 구워 소스를 끼얹은 요리에 레몬을 살짝 비틀어 뿌리니, 호수가 한 입에 들어오는 듯한 기분이다. 눈앞에도 호수, 입안에도 호수.

한국 관광객들 "역시 산에서는 컵라면이 최고야"

스위스를 찾는 한국 관광객들이 가장 많이 몰린다는 융프라우 근처 인터라켄의 작은 호텔. 소박하다 못해 초라하게 느껴지는 외관이지만, 지역 관광청에서 자신있게 추천한 데에는 다 이유가 있다. 문을 연 지 120년도 넘는, 이 지역에서 손꼽히는 호텔이란다.

외관보다 내부는 더 실망스러웠다. 몇 년 전에 리모델링을 했다는데, 방은 호텔이라기엔 민망할 정도로 비좁고 욕실에는 샤워기만 달랑 매달려 있었다. 더 끔찍한 건 품격이라곤 찾아볼 수 없는 조악한 무늬의 벽지와 천장, 내부 인테리어였다. 뭐미, 이게 유서 깊은 호텔이란 말인가, 우리나라 모텔도 이보다는 더 나을 텐데, 투덜대면서 잠자리에 들었다.

다음날 아무런 기대도 없이 1층 로비 옆 식당으로 갔다. 아직은 준비 중이니 손님용 거실에 잠깐 가 있으란다. 거실을 보고서야 이 호텔의 진가를 알게 되었다. 중후한 원목가구가 우아하고 품격 있게 배치된 거실에는 옛 스위스인들의 생활상을 보여주는 손때 묻은 생활소품들이, 벽에는 호텔 사장의 조부가 사냥했다는 사슴과 여우의 가죽이 걸려 있다. 아침식사도 기대할 만하다, 는 예감이 들었다.

식당 역시 우아한 분위기였고 정갈한 테이블보가 씌워진 식탁 위의 식기는 자못 고급스러웠다. 갓 구워낸 듯한 빵은 종류가 단출했지만 한결같이 맛있었다. 바게트는 바게트답게 겉은 바삭하고 속은 촉촉했고, 통밀빵은 구수한 향과 거친 식감이 대지의 기운을 느끼게 했다. 요구르트는 시중에서 파는 공장 제품은 물론 특급호텔 조식 뷔페에 나오는 것과도 질적으로 달랐다. 아무런 첨가물도 넣지 않고 순수하게 신선한 우유를 제대로 발효시킨 순정한 맛! 소시지와 햄도 우리가 늘 사먹는 공장 제품이 얼마나 많은 첨가물의 범벅이었던가, 를 깨닫게

하는 맛이다.

감동한 나머지 호텔 주인에게 정말 근사한 아침식사였다고 인사했더니 주인이 반색을 하면서 "한국인에게 모처럼 제대로 된 아침을 대접할 수 있어서 우리도 기쁘다"고 대답한다. 이게 무슨 뜻이지? 주인의 보충설명을 듣고 나서야 비로소 이해가 된다. 우리 호텔을 찾는 외국인들 중 한국인이 무척 많은 편이다, 하지만 그들은 새벽 2시에 호텔에 도착해 융프라우 산악특급열차를 타기 위해 새벽 5시에 나간다, 가이드들의 요청으로 도시락을 싸주는데 그러다 보니 제대로 된 식사를 대접할 수 없다는 것이다.

산악열차로 융프라우에 오른 한국인들이 으레 찾는 음식이 있다. 컵라면이다. 온종일 등반한 것도 아닌데 한국의 산 정상에서 그랬듯 융프라우에서도 굳이 컵라면을 찾는 것이다. 유서 깊은 호텔에서 정성껏 좋은 재료로 만든 기막힌 크림수프는 시간이 없다는 이유로 먹지도 못한 채. 그러고는 "역시 산에서는 컵라면이 최고야!"를 연발하는 우리네 '음식 순혈주의'. 애국심이 너무 강한 건지, 호기심이 너무 없는 건지 헷갈린다.

여행에서 경관은 여러 요소 중 하나일 뿐이다. 그곳 사람들과 만나고, 그곳 음식을 먹어보고, 그곳 문화를 체험해봐야 여행의 의미는 완결된다. 시간이 흐른 지금도 눈 덮인 융프라우의 절경보다 그 호텔의 아침을 더 생생하게 기억한다. 마터호른의 신비로운 자태 못지않게 산 아래 마을 체르마트에 있는 야외 카페의 뜨거운 초콜릿 맛을 잊지 못한다.

레만 호숫가의 한 작은 마을 성당 어귀에서 열린 주말시장에서 한 소말리아 여자에게서 사모사(소말리아식 튀김만두)를 사먹다가 문득 그 여자가 히잡으로 쓴 머플러가 맘에 들어 팔아달라고 졸랐다. 고국에서 가져온 물건이라며 망설이던 여자는 마지못해 내게 벗어주면서 그사이에도 머리카락이 드러나지 않게 얼른 가방 안의 머플러를 꺼내 뒤집어썼다. 우리는 서로 히잡을 둘러쓰고 기념사진을 찍었다.

그 머플러를 두를 때면 레만 호의 풍경, 주말시장의 활기 넘치는 광경, 우리나라 군만두와 맛이 비슷했던 사모사, 흑인 여성의 하얀 미소를 떠올리며 절로 미소 짓게 된다. 기억은 거대한 기념물보다 사소한 것에 더 오래 머문다.

소득이 높아져도 입맛은 검박한 스위스 사람들

그러나 하루 이틀도 아니고 한 달 가까이 즐기기에 스위스 음식은 너무나도 단순했다. 가는 곳마다 지역의 특산 요리라고 내놓는 메뉴가

마터호른이 수면에 고스란히
반영되는 호숫가 마을에서 맛본
뜨거운 초콜릿과
주말시장에서 만난 흑인 여성의
하얀 미소…….
여행의 즐거움이란 이런 게 아닐까.

대동소이했다. 쇠고기와 감자가 주식이요, 레시피도 거의 다 엇비슷했다. 스위스에서 식사는 그저 일과 일 사이의 간격을 메우고 위장을 채우는 일처럼 느껴졌다.

그도 그럴 것이 지금은 관광과 첨단 기계산업의 메카로 국민소득 4만 달러를 훌쩍 넘어서는 경제대국이지만 불과 100년 전까지만 해도 스위스는 유럽에서 가장 가난한 나라였고 정치적으로 약소국가였다. 수많은 젊은이들이 이웃나라 전쟁에 용병으로 자원해 고향의 가족을 먹여 살리기도 했다. 낭만의 상징인 커다란 뿔피리도 용병이 마침내 고향으로 돌아오고 있음을 높은 언덕에서 먼저 본 목동이 마을 사람들에게 알리는 도구였다.

스위스를 대표하는 '국민음식'인 퐁듀(와인을 넣어 녹인 치즈에 빵을 찍어 먹는 스위스 요리)는 우리나라에서는 장안의 식도락가들 사이에서 굉장한 고급 음식 대접을 받는다. 하지만 퐁듀야말로 알고 보면 가난과 궁핍의 산물이다. 퐁듀는 한마디로 '냉장고 털이'로 만드는 잡탕음식이나 진배없다. 곰팡이가 슬슬 피어갈 조짐마저 보이는 남은 치즈덩이, 먹다 남긴 빵조각, 애매하게 남은 와인을 알뜰하게 먹어치우려고 고안해낸 게 다름 아닌 퐁듀다.

스위스를 여행하는 내내 내 고향 제주와 참으로 흡사하다는 생각이 뇌리를 떠나지 않았다. 남들이 보기엔 드라마틱한 풍광이자 비경이지만 그곳에 사는 이들에겐 풍요와는 거리가 먼 척박한 땅! 부족한 식재료와 고달픈 삶 때문에 재료의 신선함에 의존하는 단순한 레시피만 전해 내려오는 땅! 그 고난의 땅에 새로운 역사를 쓴 이들! 스위스와 제주의 자연과 음식은 그렇듯 닮아 있었다.

- 5부 -

다시 서귀포에서

고사리로
•
시작되는
•
제주의 봄

　'꼼짝 꼼짝 고사리 꼼짝, 제주 한라산 고사리 꼼짝……'으로 시작되는 제주 전래동요가 있다. 4월에 접어들면 제주에는 '고사리 장마'가 들기 시작한다. 비가 한 번 오고 나면 고사리는 손가락 한 마디만큼 쑥쑥 자란다.
　어릴 적에는 고사리를 별로 좋아하지 않아 굳이 찾아서 먹어본 기억이 없다. 그러나 서울 생활이 길어지면서 언젠가부터 '제주 고사리'에 집착하게 되었다. 고등어나 갈치 따위는 서울에도 지천이라 굳이 제주에서 불러먹지 않았지만, 고사리만큼은 예외였다. 제주의 햇살과 바람, 그리고 비가 키워낸 그 맛이 그리웠다. 어머니가 서울로 올라온 뒤부터 고사리무침은 우리 집의 고정 밑반찬이 되고 말았다.

고사리만큼 음식 하는 이의 '내공'이 고스란히 드러나는 반찬도 드물 것이다. 어떻게 말리고, 어느 만큼 불리고, 어떻게 볶는가에 따라 맛이 천차만별이다. 잘못하다간 물비린내가 나기 십상이다. 너무 물러지게 볶아도 안 되고 그 반대여도 맛이 떨어진다. 간이 싱거워도, 너무 짜도 안 된다. 어머니는 고사리무침에 관한 한 가히 '달인' 수준의 솜씨를 자랑했다.

주말, 지친 몸을 침대 위에 누이고 뒹굴거릴 때 부엌에서 풍기는 고사리 볶는 내음은 얼마나 구수한지 절로 입안에 군침이 고이곤 했다. 아주 잘 볶아진, 간이 딱 맞는, 질이 좋은 고사리 줄기는 마블링이 잘된 특급 쇠고기보다도 더 부드럽고 졸깃졸깃했다. 향내 나는 쇠고기 같다고나 할까.

봄마다 제주인은 '고사리 연정'에 몸이 달고

고사리에 관한 한 나만큼 깊은 애정을 가진 이도 없을 거라고 자부했다. 하지만 고향으로 돌아온 뒤 제주도민들의 고사리 사랑은 더

제주인의 봄은
고사리에서 시작해
고사리로 끝난다.
제주의 햇살과 바람,
그리고 비가 키워낸 고사리는
최상급 마블링 쇠고기보다
더 부드럽고 졸깃하다.

유별나다는 걸 알게 되었다. 관광객들은 제주의 봄을 샛노란 유채로 기억하지만, 제주인의 봄은 고사리에서 시작해 고사리로 끝난다고 해도 과언이 아니다.

　제주 여자들의 '고사리 사랑'은 고사리를 채취하는 데서부터 시작한다. 초봄부터 그네들은 봄이 깊어지면서 만나게 될 고사리를 학수고대한다. 목욕탕에서 여인네들은 "야, 고사리 올라와서냐", "아니, 아직 멀어서라. 다음 주나 되사 딸 만허크라" 대화를 주고받는다. 고사리가 지천인 곳을 봐두었다는 여인네는 마치 로또를 맞은 것처럼 들뜬 표정이다.

　봄철 서귀포 오일장에 나가보면 점포 앞에 고사리 앞치마가 줄줄이 걸려 있다. 앞치마 윗부분은 개방되어 있고, 아랫부분에는 지퍼가 달려 있다. 딴 고사리를 윗주머니에 쏙쏙 집어넣었다가 작업이 끝나면 아래쪽 지퍼를 열어서 쏟아내도록 특별히 디자인된 것이다. '고사리 앞치마'는 챙이 넓고 햇빛가리개가 달린 '농사용 모자'와 더불어 제주 여인들의 일상이 반영된 패션 상품이다.

　내 후배는 고사리 덕분에 우울증을 극복하기도 했다. 공부 잘하는 딸이 대학 입시에 실패하고, 딸과 친한 친구들은 모두 서울의 명문대에 진학했단다. 학부모들끼리도 초등학교 시절부터 가까이 교유해

온 터라 다들 위로의 덕담을 건네더란다. 하지만 교직에 몸담은 후배는 자신의 딸만 입시에 실패하자 자괴감까지 겹쳐 친척이건 학부모들이건 다 만나기가 싫더란다. 앞에서는 위로하지만 뒷전에서는 흉을 볼 것 같더라나.

마침 고사리 철이 돌아왔기에 주말마다 고사리 꺾으러 이곳저곳 들판을 헤매 다녔더란다. 고사리 꺾으면서 땅 한 번 굽어보고, 어깨를 펴면서 하늘 한 번 올려다보고…… 그저 고사리에만 집중하다 보니 마음에 가득했던 근심도 우울함도 어느덧 사라지고 마음 가득 평화가 차고 넘치더란다. '고사리 명상'으로 스스로를 치유한 셈이다.

비단 여자들만이 아니다. 여인네들의 일손을 거들거나 부엌일 돕기를 꺼리는 제주 남성들이지만, 고사리 채취만큼은 예외다. 올레 탐사국 김홍석 대원의 말에 따르자면 부인이 고사리 따는 데 같이 가줘야 1년이 편안하단다. 제주의 집안 제사나 명절에 고사리는 탕국을 끓이거나 나물을 하는 데 없어서는 안 되는 식재료. 고사리대 하나면 아홉 번 꺾을 수 있을 만큼 번식력이 강한 만큼 자손이 번성하길 바라는 마음에서 제사상엔 꼭 올린다.

고사리 철에 넉넉히 따서 '와랑와랑한' 햇볕에 바싹 말려두었다가 이듬해 고사리 철이 돌아올 때까지 써야 한다. 그러니 남편의 비협조로 말린 고사리 양이 적으면 제사나 명절 때마다 지청구를 들을 각오를 해야 하는 것이다. 그러니 부부끼리 오랜만에 봄나들이도 할 겸 줄레줄레 마누라를 따라나설 수밖에.

고사리 따기는 봄날 좋은 소일거리이자 1년 제수거리 장만이지만, 뜻밖에도 큰 위험이 도사리고 있다. 고사리 따기에 가장 좋은 시간은 아침 이슬이 채 마르지 않은 새벽녘. 해가 뜬 이후부터는 햇살에 눈이 부셔서 고사리가 눈에 잘 띄지 않기 때문이다. 희부연 여명을 뚫고 전진하다 보면 길 잃을 가능성도 그만큼 높아질 수밖에. 사람을 향해 손짓하듯 군데군데 머리를 내미는 고사리를 정신없이 따라가다 보면 '곶자왈' 같은 숲에서 길을 잃어버리는 경우가 비일비재하다. 부부, 친구, 동서지간이 함께 갔다가도 저마다 고사리를 따느라 가끔은 생이별을 하게 된다.

다음은 제주도 언론에 실린 실화 한 토막.

4월 19일 오후 6시 서귀포시 성산읍 수산2리 풍력발전기 인근에서 고사리를 꺾던 50대 여성이 실종 10시간 만에 집에 귀가하는 소동이 빚어졌다.

봄철을 맞아 제주소방방재본부에 하루 3~4건의 실종신고가 접수되는 등 고사리 채취시기 실종사건에 대한 주의가 요구되고 있다.

20일 소방방재본부에 따르면 19일 오후 6시 2분께 제주시 오라동에서 서귀포시 성산읍으로 고사리 채취에 나선 황모(51) 씨가 길을 잃고 헤매는 사건이 발생했다.

황씨는 남편과 함께 고사리 채취에 나섰다 오후 6시께 실종신고가 접수됐다. 황씨는 길을 헤맨 끝에 다음날인 20일 새벽 4시께 집으로 무사히 귀가한 것으로 알려졌다.

고사리 채취과정에서 실종사건이 잇따르면서 소방당국은 사고 취약지역에 안내문을 설치하는 등 예방활동에 나서고 있다.

전 직원에는 신호용 호루라기를 지급해 실종사고 수색활동에 활용토록 했다. 실종사고가 3시간 이상 이어질 경우 현장지휘관을 과장급으로 조정하는 지휘체계도 마련했다.

제주소방방재본부 관계자는 "최근 들어 하루 3건씩 실종신고가 접수되는 상황"이라며 "낯선 지역에 들어설 경우 방향감각을 잃을 수 있는 만큼 사전 연락체계를 갖춰야 한다"고 말했다.

— 〈제주의 소리〉, 2012년 4월 20일자

제주 사람들은 고사리로 육개장, 고사리전, 고사리무침, 밀전병 등 다양한 음식을 만든다. 그중 고사리 육개장은 돼지고기를 푹 삶은 국물에 고사리와 들깨를 넣고 끓이는 잔치음식이다. 쇠고기나 닭고기 육개장보다 더 담백하고 풍미가 있다. 이미 말하지 않았던가. 제주 고사리는 최상급 마블링 쇠고기보다 더 부드럽고 쫄깃하다고.

난 가끔씩 고사리 파스타를 해먹는다. 방법은 간단하다. 올리브 기름을 두르고 저민 마늘을 볶다가 먹다 남은 고사리나물을 함께 넣어 볶는다. 다 삶은 파스타를 건져내어 프라이팬에서 고사리와 다시 섞어 볶는다. 가끔은 '눈으로 먹는 맛'을 고려해 연초록 유채나물을 함께 넣어준다. 그러면 유채고사리 파스타가 완성되는 것이다.

고사리 음식을 즐겨 먹지만, 고사리를 제대로 따본 적은 없다. 올레길을 걸을 때마다 재미 삼아 도전해보지만, 유독 내 눈에는 고사리가 띄지 않는다. 함께 간 친구들은 쏙쏙 잘도 찾아내건만. 진짜 제주 사람이 되려면 아직도 멀었다.

제주의 봄을 물들이는 유채, 음식 재료로도 그만

색채의 왕국 제주섬을 상징하는 컬러는 푸른 바다색, 돌담의 검정색 외에도 제주의 봄을 샛노랗게 물들이는 유채색을 빼놓을 수 없다. 제주 유채의 노랑빛은 단순한 노랑이 아니다. 형광빛 노랑이다. 거무죽죽한 현무암 돌담과 형광노랑빛 유채의 대비는 참으로 환상적이다. 유채꽃은 사진 촬영용으로 종종 애용될 정도로 군락을 이뤄 피어 있기도 하지만, 어느 집 돌담 밑에, 동네 개울가에, 바닷가 벼랑 틈에 고개를 내밀기도 한다.

제주를 방문하는 관광객들은 유채를 관광용 꽃 정도로 생각하지만, 제주도민들에게 유채는 지극히 실용적인 꽃이다. 예전 제주인들은 유채에서 짜낸 '유채지름'이 없는 부엌을 상상할 수 없었다. 콩기름, 참기름, 들기름이 아닌 유채기름이야말로 제주의 제사, 경조사 음식을 하는 데 빠뜨릴 수 없는 필수품이었다. 나물도 유채기름으로 무치고, 전도 유채기름으로 부쳐 먹었다.

어린 시절 내가 살던 서귀포 매일시장에는 시골 할망들이나 아주망들이 유채기름을 빻으러 기름집 앞에 장사진을 치곤 했다. 유채기름은 비등점이 낮아 조금만 끓으면 부글거려서 전을 부치면 곱게 부쳐지지 않는다. 대신 나물무침에는 그만이다. 지금은 대기업에서 생산하는 콩기름에 밀려 거의 자취를 감추고 말았지만, 유채기름의 그 무심한 듯 자연스러운 향이 못내 그립다.

봄철 재래시장에는 유채나물이 지천이다. 시골 할망들은 끓는 물에 살짝 데친 유채나물을 함지박에 쌓아놓고 손님을 기다린다. 비닐봉지 하나에 수북이 담긴 유채나물이 단돈 천 원. 그것도 모자라 할망은 한 줌 더 집어넣어야 직성이 풀린다.

제주로 돌아온 초기에는 유채나물을 해먹을 줄 몰라서 사지도 않았다. 하지만 음식 솜씨 좋기로 소문난 애순 언니가 해준 유채 강된장국을 한 번 먹어보고는 그 맛에 매료되고 말았다. 멸치를 진하게 우려낸 국물에 된장을 풀고 유채나물 한 주먹을 집어넣어 바특하게 끓여내는 아주 단순한 레시피. 그러나 된장의 구수한 맛과 유채의 쌉싸래한 맛이 어우러져 탄성을 자아낸다. 봄이 입안 한가득 쳐들어오는 느낌이라고나 할까. 입맛이 떨어지는 나른한 봄날에 유채 강된장국은 입맛 촉진제 구실을 톡톡히 한다.

생유채는 샐러드 재료로도 그만이다. 그 아련한 어린 초록은 짙은 초록빛 야채들 중에서 단연 도드라진다. 대형 슈퍼에서 파는, 이름도 아리송한 외국 국적의 샐러드 재료에 비하면 그야말로 '착한 가격'에 살 수 있다. 게다가 샐러드 소스와 몸을 섞고 나면 그 쌉싸래한 맛은 치명적으로 유혹적이다. 아무 향기도 없는 무늬만 야채인 온실 재배 야채와는 감히 비교할 수 없는, 싱그러운 야생의 맛!

올레꾼의 음료,
제주 할망들의
'쉰다리'

　　제주는 할망(할머니)들의 나라다. 할망이 물질을 하고, 할망이 농사를 짓고, 할망이 손주에게 용돈을 주고 버릇없는 동네 아이들을 혼낸다. 창조 설화가 거대녀 설문대 할망으로부터 시작되는 섬답다. 제주시 향토 오일장에는 아예 할망들만 좌판을 펼 수 있는 '할망 시장' 골목이 따로 있다. 해녀조합에서는 나이 먹은 해녀들이 멀리 나가지 않고도 물질을 할 수 있도록 가까운 연안에 '할망 바당'을 설정해 젊은 해녀들의 조업을 금지한다. 언젠가 자신들도 할망이 될 날이 들이닥칠

향토 오일장에 '할망 시장' 골목이
따로 있을 만큼 제주 할망들은
잠시도 몸을 놀리지 않는다.
마른 고목등걸처럼 거칠고
딱딱한 손으로 물질도 하고
농사도 짓고
버릇없는 아이들을 혼낸다.

것임을 잘 알기에.

'쉰다리' 하면 제주 할망을 먼저 떠올리게 된다. 어릴 적 육지 출신 아버지를 둔 탓에 우리 집에서는 제주 전통음료인 쉰다리를 맛볼 수 없었다. 쉰다리를 처음 맛본 건 올레 8코스를 탐사할 무렵, 중문해수욕장 입구 색달 해녀의 집에서였다. 이곳 스물다섯 명 해녀 중 대장인 고인오 할망(88세)이 한여름에 배낭을 메고 비지땀을 흘리면서 걷는 내게 삼다수 병에 든 우윳빛 액체를 내밀었다.

"무상 영 와랑와랑헌디 걸엄시냐. 이거라도 먹으멍 걸으라게(왜 이렇게 뜨거운데 걷고 있냐. 이거라도 먹고 걸어라)."

마른 고목등걸처럼 거칠고 딱딱한 손으로 건네는 그 음료의 맛은 달콤 새콤 시큼한 게 요구르트와 막걸리의 짬뽕 같았다.

그게 바로 쉰다리였다. 쉰다리는 제주의 척박한 풍토가 만들어낸 음료다. 감귤 농사와 관광으로 소득이 늘어나기 전까지만 해도 제주에서 쌀밥(제주에서는 '곤밥'이라고 부른다)은 부잣집에서나 구경할 수 있었고, 그것도 남자 어른들에게만 차례가 돌아갔다. 물이 귀한 제주에서는 논농사를 짓는 마을이 아주 드물었고 육지에서 수입된 쌀은 물류비 때문에 본토보다 훨씬 비쌌으니, 언감생심 꿈이나 꾸었겠는가.

제주에서는 보리밥이 대세였다. 제주의 여름은 습하고 무더운데,

보리밥은 걸핏하면 무더위에 쉬어터지기 일쑤였다. 밭에 가기 전에 해 놓은 밥이 일을 끝내고 돌아오면 쉴 정도로 제주의 여름은 더웠지만, 지금처럼 냉장고도 없는 시절이었다. 보리 한 톨도 아까운지라, 아낙들은 쉬어터진 보리밥을 찬물에 씻고 또 씻어서 누룩을 넣고 발효시켰다.(물론 마지막에는 꿀이나 당원을 넣는다) 그렇게 하룻밤을 재워두고 나면 쉰보리밥은 발효되어 달착지근한 마실 거리로 변신했다.

고인오 할망은 말했다.

"물질허는 해녀들은 술은 입에도 일절 안 대지. 경해도 쉰다리는 먹어. 여름에 물질허당 나왕 쭉 마시민 피로가 싹 풀려."

그녀는 잔주름이 꼬불꼬불 잡힌 입꼬리를 올리며 활짝 웃었다. 이승인 집을 나서면 저승인 바당에서 일한다는 해녀에게 술은 금물이다.

술은 안 먹어도 쉰다리는 먹는다? 몇 모금 홀짝이고 나니 그 말이 이해됐다. 알코올 성분이 전혀 없다는데도 살짝 취기 비슷한 게 온몸을 타고 돌아다녔다. 술과 음료의 아슬아슬한 경계에 서 있는 쉰다리!

캔음료보다 더 잘 팔리는 할망의 쉰다리

그런 쉰다리를 다시 만난 건 올레 6코스 보목리 포구 근처 쉼터에서였다. 판매대에 내걸린 감물 들인 모자와 손수건을 구경하는데 쉼터

안의 할망이 나를 불러세웠다.

"올레질 만든 어른이렌허멍예. 아이고 고맙수다예. 이거나 한잔 마셩 갑서."

아주머니가 옆에서 설명을 보탠다.

"올레길 만든 분이라니까 고마워서 할머니가 쉰다리라도 꼭 대접하겠다네요. 할머니 사정이 딱해서 제가 옆에서 쉰다리를 같이 팔라고 했거든요."

들고 보니 기막힌 사연이었다. 할망은 바로 근처 마을에 사신단다. 시청 청소부로 일하다가 청소차에 깔려 장애자가 된 아들과 선천적으로 지적장애자인 며느리, 중학생 손자와 초등학생 손녀랑 함께 산단다. 쉼터 아주머니에게 옆에서 캔음료라도 팔게 해달라고 사정한 건 원래 할망이 아닌 손자였단다. 할망은 그런 손자가 기특하고 고생하는 게 안타까워서 가끔 들렀는데, 어느 날 할망이 들고 나와 마시는 쉰다리를 맛본 올레꾼이 너무 맛있다면서 한 통 팔아달라고 하더란다.

"남은 쉰밥이 있길래 만든 거주 이걸 어떵 폼니까."

극구 사양하다가 끝내 올레꾼의 고집에 넘어갔더란다.

오랜만에 현금을 손에 쥔 할망은 손녀에게 용돈을 쥐어줬고, 그 맛에 아예 쉰다리를 조금씩 담아서 쉼터로 가져와 팔게 되었더란다.

대다수 올레꾼들이 포구 근처의 큰 가게에서 음료수를 사먹고 오는 바람에 손주의 사업(?)은 부진한 대신 할망의 쉰다리는 독특한 맛 덕분에 잘 팔려서 지금은 할망만 장사를 한단다.

아들 며느리가 다 장애라면 국가에서 장애인 수당이 나올 텐데, 싶어 물었더니 할망은 둘 다 머리가 모자라고 자기는 너무 늙어서 그런 거 할 줄 모른단다. 그래도 아이들 학교 월사금은 면제받고, 쉰다리 팔아 손주들 용돈도 줄 수 있어서 얼마나 좋은지 모른단다. 주소를 받아적고 돌아서는 발길이 참으로 무거웠다. 시청 복지과 직원에게 문의하자 알아보겠다더니, 며칠 뒤 전화가 와서 수당을 못 받는 이유를 장황하게 설명하는데 나로서는 잘 납득되지 않았다.

그로부터 3년의 세월이 흘렀다. 한 해 동안 모아둔 돼지저금통이 거의 가득 찼기에 기부할 곳을 생각하다가, 문득 '쉰다리 할망'네 두 손주가 떠올랐다. 때마침 집에 놀러온 후배와 택시를 잡아타고 보목쉼터로 갔다. 아뿔싸, 쉼터에는 자물쇠가 굳게 채워져 있었다. 이럴 줄 알았으면 지난해 수첩에 적어둔 주소를 베껴 오는 건데. 묵직한 돼지저금통을 도로 안고 갈 생각을 하니 내 대책 없음에 스스로 화가 났다.

터덜터덜 되돌아서 마을 안길로 걸어 나오는데 한 할망이 지나갔다. 필시 동네 주민이 틀림없으렷다. 할망에게 이 동네 사시냐고 물었더니 평생 여기에서만 살았더란다. 쉰다리 할망에 대해 주욱 설명했더니, 대뜸 "아, 그 집, 저기주" 하고 할망이 손가락으로 가리키는 집은 환히 눈에 보이는 골목 안 파란 양철집이었다. 쉰다리가 떨어지면 집에 가서 갖고 오신다더니 역시 가까웠구나. 고맙다고 인사하고 돌아서려는데 할망이 무심코 던진 한마디.

"그 할망 죽어신디. 한 서너 달 됐주."

가슴이 철렁했다. 그새 몇 번 6코스를 걸으면서도 늘 일정에 쫓겨 쉼터를 그냥 스쳐 지나갔더니. 그래도 혹시나 하고 집에 들어섰더니, 순진해 뵈는 아줌마가 놀란 듯 쳐다본다. 쉰다리 할망을 찾았더니 시어머니가 몇 달 전부터 크게 아팠지만, 본인이 병원에 가는 걸 한사코 마다해서 시름시름 앓다가 세상을 떠났단다. 무슨 죄를 지은 것처럼 죄송해하는 표정으로 그녀는 더듬더듬 이어갔다. 쉰다리 할망은 병원비 때문에 가족들이 더 힘들어질까봐 병원행을 거부했을 게 분명한데, 그게 어찌 며느리의 죄일까.

마루에서 말소리가 들리자 방 안에 있던 누군가 문을 열고 나온다. 훤칠한 키에 잘생긴 청년이다. 처음 할머니를 만났을 때 중3이라더니, 그새 3년이 흘렀으니, 지금은 고등학교 3학년일 것이다. 부모에게 용돈 달라고 투정 부릴 나이에 음료수 장사를 자원할 만큼 철이 든 아이였으니 지금은 더 의젓해졌을 터. 아니나 다를까. 실업계 고등학교에 다니면서 밤에는 편의점에서 알바(아르바이트)를 한단다.

손주에게 저금통을 맡기고 동생과 꼭 필요한 일에 쓰라고 당부했다. 할머니가 너희를 얼마나 예뻐했는지 기억해야 한다고, 몸이 불편한 부모님 잘 모시라고, 니네 할머니가 만든 쉰다리가 세상에서 가장 맛있다고. 용돈 한 번 주면서 너무 많은 부탁을 한다 싶었지만, 그 애는 의젓하게 그러마고 약속했다.

슬픔으로 만드는 할망 쉰다리만 있는 건 아니다

보목리 배수펌프장 근처 '할망 카페'(올레꾼이 지어준 이름이란다)에서도 해산물 한 접시와 곁들여 술 대신 쉰다리를 판다. 언제나 생글생글 미소를 잃지 않는 얼짱 해녀 할망이 그 집 주인인데, 시어머니를 닮아 역시 잘 웃는 며느리의 해물 부침개 솜씨 또한 일품인 쉼터다.

그 집 해녀 할망은 쉰다리가 뜻밖에도 큰 호응을 얻고 물량이 달리자, 윗동서까지 '알바'로 채용해 본격적으로 쉰다리 만들기에 나섰다. 섶섬이 그림처럼 떠 있는 보목리 바다를 바라보면서 쉰다리 한 잔을 마시고 나면, 제지기오름을 오르내린 피곤함이 싹 가신다.

냉장고와 밥통이 생겨 쉰밥 생길 일이 없어서인지, 손쉽게 가게에서 음료를 사먹는 풍토 때문인지 젊은 제주 여자들은 쉰다리를 집에서 만드는 경우가 거의 없다. 어쩌다 만드는 경우에도 보리 대신 쌀로 만든다.

얼마 전 후배 묘생이가 재현한 보리 쉰다리를 시음해보니 쌀 쉰다리보다 훨씬 구수하고 깊은 맛이었다. 쉰다리에 함유된 유산균의 수가 같은 양의 요구르트 음료의 수십 배에 이른다는 결과도 몇 년 전 발표되었다. 피로를 풀어주고, 피부를 매끄럽게 하고, 장을 청소해주는 보리 쉰다리 만만세!

서귀포
•
네 여자 이야기

누누이 말하지만 여행의 기쁨 중 하나가 먹는 일이다. 걷기 여행자라면 더더욱 그러하다. 온종일 걷고 난 뒤에 맛난 음식을 맛보는 기쁨이란 비길 데가 없다. 산티아고 길 멜리데에서 먹은 뿔뽀처럼. 제주올레길에 생겨난 수많은 민박과 게스트하우스 중에 풍광도 별 볼 일 없고 시설도 그저 그런 집이 올레꾼의 사랑을 받고 있다면, 십중팔구 아침밥 때문일 것이다.

다시
•
서귀포에서

노래로 버무린 맛난 아침밥, '세화의 집'의 영희 언니

관광객을 찾아볼 수 없었던, 올레 코스조차 없는, 중산간 마을인 표선면 세화리에 여자 올레꾼만 받는 '세화의 집'이라는 민박집이 있다. 처음엔 택시기사들조차 위치를 몰라 올레꾼들을 구좌면 세화리로 데려다주기 일쑤였다. 그런 곳에 자리 잡은 '세화의 집'이 입맛 까다로운 여자들에게 가장 사랑받는 민박집이 된 것은 오로지 여자 주인장의 맛깔 나는 아침식사 덕분이다. 여주인 이름은 정영희. 그녀의 남편은 철수 씨가 아닌 수보 씨다.

영희 언니가 팔자에 없는 민박집 여주인이 된 건 순전히 올레 때문이다. 부산 출신으로 부유한 집안에서 자라나 대학에서 피아노를 전공한 그녀는 2007년 전원생활을 꿈꾸면서 제주로 이주했다. 이주 초기에는 자동차로 제주 이곳저곳을 여행하는 재미로 살았지만 몇 달 만에 시들해졌고, 언어와 풍습이 너무나도 다른 섬 생활에 슬슬 무력감과 우울증이 찾아올 무렵, 우연히도 텔레비전에서 내가 나온 올레 특강 프로그램을 보게 되었단다. 저 여자를 한번 만나봐야겠다는 생각이 화살처럼 박히더란다.

그녀는 방송국에 전화해서 집요하게 내 연락처를 캐물었고, 어찌어찌해서 기어이 내 핸드폰 번호를 손에 넣었더란다. 그녀는 내게 전화를 걸어 첫 번째 개장 행사 때 꼭 참석하겠노라고 약속했다. 나도 올레 개척 초기에 그토록 깊은 공감과 관심을 보이는 '육지 여자'가 궁금했다. 그러나 그녀는 나타나지 않았고, 이내 그녀의 존재를 잊어버렸다.

두 번째 개장 행사 보도가 나가자 그녀가 또 전화를 걸어왔다. 하지만 두 번째 개장날에도 나타나지 않았다. 이상한 여자, 구나 생각했다. 세 번째 전화가 걸려오자 은근히 짜증이 밀려들었다. 이 여자 스토커 아냐? 그녀는 내 생각을 읽기라도 한 듯 "저 오해하지 마세요. 이상한 여자 아니에요. 사정이 있어서 두 번 다 못 가서 너무 죄송한데…… 고생하시는데 집에서 한번 식사 대접이라도 하고 싶어서요."

집에서 식사라? 식당에서 한 끼 대접하겠다고 했으면 분명 거절했을 것이다. 그러나 집밥이라니 은근히 구미가 당겼다. 메뉴가 엇비슷한 제주 식당 음식에 조금씩 질려갈 무렵이었다. 이 '갱상도' 아줌마가 무슨 음식을 만들어주려고 그럴까, 집으로 초대하는 걸 보니 음식에 자신있는 게 아닐까. 한번 짬을 봐서 들르겠노라고 약속했다.

얼마 뒤 마침 표선 쪽으로 탐사 나갈 일이 생겼다. 전화를 했더니 반색하면서 꼭 들르란다. 세화리는 난생처음 가보는 마을이었다. 영희 씨 집은 전형적인 중산간 마을 한가운데 과수원 속에 자리한 아담한 개량 돌집이었다. 해안가 마을과는 또 다른 편안한 느낌을 주는.

마당에 놓인 긴 나무탁자에 이미 음식이 차려져 있었다. 와우, 굉장한 오찬이었다. 커다란 접시에 수북이 담긴 잡채, 호박전을 비롯한 각종 전, 먹음직스럽게 버무린 겉절이, 소불고기, 휴대용 가스버너 위에서 바글바글 끓고 있는 아귀탕…… 마치 파티에 초대된 듯했다. 매콤 새콤 짭짤한 경상도의 전형적인 간이었으되, 한결같이 맛있었다. 두어 시간에 걸쳐 그들 부부가 살아온 이야기, 제주로 이주한 사연, 올레를 향한 짝사랑 이야기를 음식 못지않게 맛있게 들었다. 부인이 빠른 어조로 수다스럽게 말하면, 남편은 과묵하게 한마디씩 툭툭 끼어들었다. 엇박자 같으면서도 묘하게 조화를 이루는 환상의 복식조였다.

식사가 끝나갈 무렵, 불쑥 안주인에게 제안했다.

"올레길에 혼자 오는 여자들 중 대부분이 모텔이나 여관에 가길 꺼려해요. 두 분만 사시고 빈방도 있으니 민박을 하면 안 될까요? 아침에 문 여는 식당도 드문데 이렇게 음식 솜씨가 좋으니 아침밥도 곁들여 파시고요. 올레꾼들이 정말 좋아할 거예요."

활달한 여주인이 손사래를 쳤다.

"아니, 나 그런 거 못해요. 초대해서 한 끼 대접하는 건 좋아해도 돈 받고 방 내주고 밥 파는 건 절대 못해요. 우리 그런 거 안 해도 먹고는 살아요."

여성 전용 숙소의 필요성을 절감하던 나는 그녀를 끈질기게 설득했다. 날마다 젊은 여행자를 만나면 부부끼리 외롭게 사는 것보다 훨 나을 것이다, 좋은 음식 솜씨 묵히는 게 너무나 아깝다, 올레를 좋아하신다면 그렇게라도 도와달라 등등. 단호하던 여주인의 표정이 조금씩 누그러졌다. 두어 달 뒤 '세화의 집'은 문을 열었고, 손님이 하나둘 들기 시작했더니, 얼마 지나지 않아 입소문을 타고 예약 손님이 밀려들었다.

처음 도착해서는 바다 풍광이 전혀 없는 '세화의 집'에 살짝 실망스러워했던 올레꾼들도 다음날 영희 언니가 차려놓은 아침식사를 대하면 낯빛이 달라진다. 먹고 나면 며칠 더 묵을 수 없느냐고 간청하는 모드로 돌변하게 마련이다.

매일 아침 그녀는 누구도 침범할 수 없는 자기만의 성소인 부엌에서 음악 CD를 틀어놓고 아침식사를 준비한다. 음악에 맞춰 가끔은 국자를 사방으로 휘두르기도, 프라이팬을 허공 높이 쳐올리기도 하면서. 맑고 청아한 하이 소프라노로 〈목로주점〉, 〈제비〉, 〈하나뿐인 당신〉 따위의 애창곡을 부르는 그녀는 마치 한 마리 종달새 같다.

같은 재료, 같은 손맛이라도 음식 맛은 기분에 따라 달라지곤 한다. 고달픈 시집살이의 분노와 원한을 삭여가면서 만든 제사 음식과,

사랑하는 연인을 위해 설레는 마음으로 만드는 일품요리 맛이 같을 리 만무하다. 그러니 올레와 음악을 사랑하는 영희 언니가 그날 길을 걸을 여자들을 위해 콧노래 흥얼거리며 만든 음식이 맛있을 수밖에. '세화의 집'에 머무는 이들이 먹는 건 단순히 맛난 음식이 아니다. 그건 노래일는지도 모른다.

40년 음식 내공이 남다른 '애순이네'의 애순 언니

내가 영희 언니를 꼬드겨 1호 여성민박집 '세화의 집'을 열게 했다면, 2호 여성민박집 '애순이네'를 열게 만든 건 영희 언니였다. 애순 언니는 내 친언니다. 사남매의 맏이로 태어나 지독하게 일복만 많았던. 유난히도 식욕이 왕성하고 식탐이 많은 우리 삼남매를 위해 장사하느라 바쁜 어머니 대신 십대 때부터 부엌일을 도맡았던.

계기는 우리 집 김치였다. 모처럼 우리 집에 초대받아 식사를 하던 영희 언니가 내가 내온 김치와 고사리나물을 맛보고는 "이게 누가 만든 거고? 기가 막힌 맛이네" 하며 연신 감탄했다. 과묵한 수보 아저씨도 "야야, 이 맛은 절대로 니가 못 낸다. 내공이 보통 아이다 아니가"라기에 언니가 만들었다고 했더니, 그제야 고개를 끄덕인다.

그 뒤 애순 언니를 만나기만 하면 혼자 사는 과부가 무슨 재미로

사노, 그 솜씨 묵혀두기 아깝다 아니냐, 서귀포에 여자만 받는 민박집 소개시켜달라는 올레꾼이 얼마나 많은데, 영희 언니는 끈질기게 꼬드 겼다. 30년 넘게 서귀포 매일올레시장에서 김치장사와 기름집을 하다 가 이제 겨우 장사에서 해방된 나다, 저녁에 동네 여자들이랑 어울려 고스톱 치는 게 유일한 낙인데 민박집 하면 그마저 못한다, 체력이 부쳐 이젠 매이는 일은 안 할란다, 언니의 저항도 만만치 않았다.

결국 영희 언니의 설득에 애순 언니는 넘어갔다. 대신 영희 언니가 그랬듯이 '민박'이라는 장사 냄새 나는 상호는 절대 안 쓴단다. '애순이네'로 합의를 봤다. '애순이네 집'은 '세화의 집'보다 조건이 더 열악했다. 바다 전망은 없지만 그나마 시골 마을에 자리한 '세화의 집'과 달리 '애순이네'는 복작거리는 시장통 한가운데 뒷골목에 끼여 있는 평범한 단독주택. 올레길 민박으로는 매력 요인이 전혀 없었다. 하지만 아침밥 한 끼만 먹여놓으면 '만사 오케이'일 거라고 영희 언니는 장담했다. 그녀의 예측은 어김없이 맞아떨어졌다.

애순 언니의 강점은 신선한 해산물과 야채를 엎어지면 코 닿을 올레시장에서 날마다 공급받을 수 있다는 점. 음식 맛의 8할은 신선한 재료에 달려 있다는 말도 있지 않은가. 게다가 40년 가까이 친해온 이웃사촌인 시장 상인들은 그녀에게는 질 좋은 식재료를 싸게 팔고, 가끔은 덤까지 듬뿍 얹어준다. 시장통의 '전관예우'를 누리는 셈이다.

그녀 음식의 최대 강점은 단연코 김치다. 20년 김치장사의 달인답게 어떤 재료도 그녀의 손에 버무려지면 최고의 김치로 탄생한다. 배추김치, 무김치, 총각김치, 갓김치, 파김치, 동치미, 부추김치 등등 한국식 밥상에서는 윤기 자르르 흐르는 밥에 필수 전공 반찬인 김치가 맛있으면 일단 기본점수는 따고 들어간다.

하지만 그녀가 만든 음식 중 내가 가장 좋아하는 건 고사리나물. 똑같이 제주 들판과 한라산에서 나는 고사린데, 그녀의 두툼한 손에 버무려지면 왜 그렇듯 특별한 맛을 내는지 알다가도 모를 일이다. 하루는 고사리나물을 먹다가 그 비결을 물었다. 대답은 간단했다.

"조선간장과 왜간장을 둘 다 쓴다게. 조선간장만 쓰면 너무 짜고 왜간장만 쓰면 달달허난."

다시 물었다.

"비율은 어떻게?"

"그냥 감으로 넣주."

감感! 한국 음식의 달인들이 흔히 쓰는 말이다. 흔히 표준화, 계량화가 안 된 점을 한국 음식의 최대 약점으로 거론한다. 그러나 계량스푼을 쓰는 요리전문가의 나물무침보다 애순 언니가 만든 게 더 맛있는 걸 어찌하랴.

하루는 서울 강남에서 올레길을 걸으러 왔다는 멋쟁이 중년 여자 넷이 찾아왔다. 전화로 미리 '별 볼 게 없는 평범한 시내 주택'이라고 귀띔했지만 입소문을 듣고 이곳을 택한 그녀들은 아니나 다를까 '아무리 그래도 그렇지' 실망스러운 기색이 역력했다. 하지만 다음날 애순 언니가 차려준 식탁에서 한바탕 왁자지껄한 소동이 벌어졌다.

"아니, 멸치볶음에 대체 무슨 마법을 거신 거죠?"
"이 때깔 좀 봐. 간은 어쩜 이리 똑 떨어지니?"
"참외장아찌는 처음 먹는데 어쩜 이렇게 아삭아삭해요?"
"이렇게 맛있게 생선 굽는 비결이 뭐예요?"
"야, 니가 가져온 건 명함도 못 내밀겠다. 도로 집어넣어라."
"쟤가 배워가야겠다."

알고 보니 일행 중 한 명이 강남에서도 알아주는 요리강사인지라, 제주 음식이 입에 안 맞을 것에 대비해 몇 가지 밑반찬을 싸왔더란다. 하지만 애순 언니의 반찬 내공을 한 입에 알아본 친구들이 거꾸로 요리강사 친구를 놀려댄 것이다. 처녀 시절 조리기구 회사가 연 요리교실을 한 달여 다닌 게 고작인 애순 언니가 전문가에게 판정승을 거둔 순간이자 요리야말로 오랜 경험과 뛰어난 직관, 상상력의 산물임을 입증

한 순간이었다. 강남의 요리강사는 요즘도 종종 전화를 걸어 애순 언니에게 조리법을 묻는단다.

비린 갈치 한 토막을 잃어버린 '여우내' 꼬맹이

이보다 훨씬 연배가 아래지만, 할머니 세대나 할 법한 제주 전통 음식을 척척 해내는 후배도 있다. 제주도 중산간 마을 '여우내'(현재는 신흥리) 출신 정묘생이다. 여우내는 우리가 살던 관광과 밀감의 도시 서귀포읍과는 비교할 수 없는 전형적인 산촌 마을. 그곳에서 중학교 다닐 때까지 살았으니 채취경제 위주의 촌 생활이 뼛속 깊이 박혀 있는 여자다.

어릴 적 일화 한 토막. 중산간 마을이라 생선조차 귀했던 그녀의 초등학교 5학년 이웃학교 운동회 날. 당시에는 이웃학교 운동회에 번갈아 참가하는 풍습이 있었더란다. 모처럼 짚불에 구운 귀하디귀한 갈치 한 토막을 종이에 둘둘 말아 벤또 옆에 넣고 보자기에 싸서 허리춤에 매달았더란다. 뿌듯한 맘으로 운동장에 도착한 묘생이는 호기심 덩어리였는지라 차일이 쳐진 본부석 근처를 기웃거렸더란다.

마침내 기다리고 기다리던 점심시간이 되어 함께 온 친구들과 점심 보자기를 풀었더니, 웬걸 유일한 반찬인 갈치 토막이 안 보이더란다. 여자 왈패여서 남자애들까지 쥐고 흔들었던 '일진' 묘생이는 친구들에게 "내 반찬 찾을 때까지는 니네도 먹을 생각 마"라고 엄명을 내렸고, 아이들은 일제히 흩어져서 운동장 구석구석을 헤집고 다녔더란다. 마침내 한 여자아이가 본부석 귀퉁이에 떨어져 있는 종이뭉치를 발견하고선 "묘생아, 니 갈치 찾았쩌!" 기쁨에 겨워 휘둘렀단다. 지금도 그날의 구운 갈치 맛을 잊을 수가 없다는 묘생이.

그녀는 두 살 터울로 줄줄이 태어난 여동생 을생이, 정생이, 춘생이를 거느린 맏딸이었다. 오빠와 막내 남동생이 있었지만, 엄마의 농사일과 부엌일을 거드는 건 순전히 그녀 몫이었다. 아버지는 새마을운동과 농협 등 마을 일을 하느라 집안일은 뒷전이었고, 맏아들은 법대에 보내야 할 집안의 기대주였으므로. 그래서 묘생이는 초등학교 6학년 때 하루 모자란 80일을 결석했다. 대신 소에게 꼴을 먹이러 마을 위쪽 초원으로 내달리고, 고사리를 따고, 동생들을 먹일 식사를 준비했다. 요리에 관한 한 조기교육을 받은 셈이다.

그녀를 처음 만난 건 첫아이를 임신해서 만삭이 되어 고향에 몸을 풀러 내려왔을 때였다. 나는 서른 살, 묘생이는 갓 스물셋. 당시 내 동생이 운영하는 관광농원에 경리로 입사하고도 남을 해먹여야 직성이 풀리는 성격 때문에 농장 직원들의 식사를 도맡아 하는 '식순이'를 자청했다. 그녀의 음식 솜씨 때문에 농장을 그만둘 수가 없다는 말이 나돌기까지 해서 나는 묘생이를 무척이나 궁금해했다.

묘생이를 만난 지 얼마 안 되어 밤늦게 이야기를 나누게 되었다. 뱃속의 아기 때문에 늘 쉽게 허기가 지던 때였다. 출출하다고 하자 그녀는 잠깐 기다리라면서 냉장고를 뒤져보고는 "김치밖엔 아무것도 없다"고 툴툴거리더니 10분도 되지 않아 뭔가를 만들어 척 들이밀었다. 딱 신김치 한 가지로 둘둘 만 김치김밥. 옆구리가 터질세라 양손으로 조심스레 잡아들고 한 입 베어 먹으니 그야말로 꿀맛이었다. 그 뒤 아이를 출산하기까지 그녀에게 얻어먹은 김치김밥이 족히 100줄은 넘었지 싶다. 할망 수준으로 구사하는 그녀의 원단 제주 사투리는 맛있는 야식의 깨소금 같은 양념이었다.

30년 만에 귀향해 다시 만난 촌아가씨 묘생이는 어느덧 중년을 바라보는 가정주부가 되어 있었다. 손맛을 살려 식당이라도 할 줄 알았더니 농수산물 판매센터를 한단다. 밀감과 한라봉, 망고 따위를 주문받아 육지에 택배로 보내는 게 주 업무. 부업 삼아 쑥 철이면 쑥을 뜯어 쑥인절미를, 고사리 철이면 고사리를 꺾어 말려 육지로 보내는데 인기가 좋아 주문이 밀린단다.

어느 날 그녀와 올레길을 걷는데 재바르게 이리저리 몸을 날린다 싶더니 순식간에 비닐봉지에 쑥이 한가득이다. 사방에 해풍을 맞은 해쑥이 지천이란다. 고사리도 어찌나 잘 따는지 새벽에 집을 나서면 오전에 돌아오는데 하루 일당은 너끈히 번단다.

"언니, 내가 상아리(얼굴)는 못생겼어도 내가 딴 고사리나 쑥은 제일 곱댄해마씸(곱다고 해요)."

자연에서 먹을거리를 용케 잘 찾아내고 잘 갈무리해 고급 식재료로 활용하는 묘생이. 가히 '채취경제의 달인'답다.

그런 그녀가 한번은 제주올레 사무국 식구들을 집에 초대해 식사를 대접하고 싶단다. 후원금을 못 내는 대신 음식 재능이라도 기부하고 싶다면서. 우리 모두는 감사한 마음으로 그녀의 집을 방문했고, 사무국 식구들은 떡 벌어진 상차림에 입을 다물지 못했다. 돼지갈비 묵은지찜, 고매기(작은 고둥)를 넣은 고사리나물, 두릅무침, 유채나물무침 등등. 묘생이는 자랑스럽게 설명했다.

"돼지갈비 빼놓고는 다 내가 직접 캐고 뜯은 걸로 해수다예. 돈은 안 들었주만 정성은 하영(많이) 들어간 거우다."

육지 출신이 대부분인 사무국 식구들은 그날 제주의 인심과 그녀가 직접 빚은 보리 쉰다리에 흠뻑 취했다.

그 인연은 묘생이의 공중파 데뷔로 이어졌다. 그로부터 일주일 뒤 제주올레 사무국에 KBS 방송국 〈한국인의 밥상〉 작가로부터 전화가 걸려왔다. 봄을 맞아 '제주올레 밥상' 편을 기획했는데, 할머니 몇 분을 섭외했으니 제주 음식을 잘하는 중년 여성 한 명을 추천해달란다. 사무국에서는 '애순이네' 집 권장을 추천했지만, 그녀는 한사코 출연을 거부했다. 2순위로 추천된 인물이 바로 묘생이였다. 일주일 전 그녀의 음식 솜씨에 다들 감탄했던 기억을 떠올린 것이다.

〈한국인의 밥상〉에서 묘생이가 등장한 분량은 출연자 중에서도 단연 압도적이었다. 그녀와 친정엄마가 워낙 걸출한 입담을 과시한데다 그녀의 음식 솜씨에 취재진이 반했기 때문이다. 어린 시절 코미디언이나 가수를 꿈꿨지만 언감생심 서울 진출을 도모할 수 없었던 '촌아이' 묘생이는 뜻밖의 방송 출연으로 그 꿈을 뒤늦게 이루었다!

묘생이는 방송 출연을 계기로 또 다른 꿈을 꾼다. 고향 여우내에, 돌아가신 친정아버지가 물려준 땅에 제주의 전통 손맛을 살린 식당을 내는 것. 벌써 식단도 정해놓았다. 이름하여 '차롱 밥상'. 쇠꼴을 먹이러 갈 때 무더위에 밥이 쉬지 않도록 공기가 잘 통하는 차롱(대나무를 엮어 만든 작은 바구니)에 점심을 싸갔더란다. 그 차롱에 보리밥과 제주 산나물을 차려내면 근사하지 않겠느냐고 묘생이가 묻기에 난 맞장구를 쳤다.

"식당 이름은 '묘생이네 밥집'으로 지으면 되겠네."

언젠가 '묘생이네 밥집'이 생기면 첫 손님이 될 생각에 벌써 군침이 돈다.

음식으로 암을 물리치고 요리연구가가 된 내 친구 영선이

서영선은 고향에 길을 내기 위해 내려온 뒤 반갑게 재회한 고등학교 동창 친구다. 고등학교 시절 그녀는 나와 많이 달랐다. 소설책에 파묻혀 지내면서 매일 복장검사에 걸릴 정도로 털털했던 나와 달리, 영선이는 그림에 썩 소질이 있었고 새하얀 하복 칼라가 반짝거리고 허리 주름이 가지런한 소문난 '까다쟁이(멋쟁이)'였다. 공통분모가 없으니 별 교류도 없었다. 당연히 미대로 진학할 줄 알았는데 아버지 사업이 어려워지면서 대한항공에 입사했다는 이야기만 전해들었다.

그 뒤로도 그녀의 소식은 서울에서도 간간이 전해들었다. 직장에 잠깐 다니다가 제주에서도 손꼽히는 부잣집 아들과 결혼했다더라, 가풍이 엄격한 시댁 생활을 의외로 잘 견뎌내면서 김장을 100포기나 해치우는 평범한 주부가 되었다더라, 어느 날부터 시댁을 설득해서 고급 의류를 취급하는 양품점을 시작했는데 돈을 엄청나게 벌었다더라, '엄친아'인 1남 1녀를 다 잘 키워서 과학도와 첼리스트로 만들었다더라……. 언론사에서 날마다 지지고 볶으면서, 서울 변두리 전세 아파트를 전전하면서 공부와는 담을 쌓은 큰아들 때문에 속을 끓이는 나와는 전혀 다른 길을 걷는 그녀였다.

그런 그녀와 다시 만나 깊은 우정을 나누게 된 건 순전히 올레길 덕분이었다. 그사이에 그녀는 양품점을 정리하고 제주 시내에서 찜질방과 한정식집을 겸한 '송죽원'의 사장님이 되어 있었다. 영선이는 음식점 단골손님에게 내 이야기를 전해듣고 내게 연락을 취해왔다. 동창생이 이처럼 의미 있는 일을 하는데 '밥집 아줌마'로서 조금이라도 도움이 되고 싶으니 누군가를 대접할 일이 있으면 무조건 자기 집으로 데려오라는 것이었다. 두 남동생과 시인 친구 허영선 외에는 아무도 이해하지 못하고, 누구도 손을 내밀지 않던 시절에 별로 교분이 없던 그녀의 제안은 참으로 놀랍고 감사했다. 하지만 도움을 구하는 일에도 '간세다리'인 나는 차일피일 만남을 미루고 있었다.

그러던 어느 날, 한여름 무더위 속에서 6코스 속골에서 해병대 사병 100명이 대민봉사 차원에서 올레 해안길 조성작업을 하는 현장에 나가 있는데 영선이가 전화를 걸어왔다. 군인들이 작업을 돕는다는 소문을 전해듣고 간식과 음료를 준비해 이곳으로 오고 있단다. 여름방학을 맞아 모처럼 고국을 찾은 해외 유학 중인 조카들과 함께. 여고 시절

한 교정에서 꿈을 키웠던 우리는 중년 아줌마가 되어 올레길에서 30여 년 만에 만난 것이다. 와랑와랑한 햇살 아래서 구슬땀을 흘리던 군인들은 뜻밖의 보급부대가 등장하자 환호성을 질렀다.

공사가 마무리되고 나자 고마운 마음을 전하기 위해 그녀의 밥집 송죽원을 찾았다. 모처럼 그녀와 흉금을 털어놓고 이야기를 나누면서 나는 뜻밖의 이야기를 듣게 되었다. 멀리 서울에서 풍문으로 전해듣던 그녀의 화려한 성공담 이면에는 가슴 아픈 사연과 시련의 나날이 있었음을 알게 되었다.

서른아홉. 오래고 고된 시집살이에서 벗어나 의류사업으로 가게를 늘려가면서 승승장구하던 무렵, 그녀에게 뜻밖의 운명이 들이닥치더란다. 병명조차 낯선 '수노관암' 판정을 받았더란다. 한창 나이에, 일만 죽도록 열심히 하고 살아온 자기에게 이 무슨 가혹한 형벌인가 싶더란다. 의사는 수술만 받으면 된다, 먹고 싶은 건 다 먹어도 된다고 했지만 그녀는 믿을 수가 없더란다. 수술 권유는 존중했지만, 먹을거리에 대해서는 자신이 통제력을 발휘해야겠다는 생각이 들더란다. 우리 것, 제주에서 나는 것, 농약을 주지 않고 자연의 힘으로 기른 것만 먹어야지 결심했더란다. 맛난 음식을 먹고 만드는 걸 좋아하던 그녀는 '몸에 좋은' 맛난 음식 쪽으로 관심을 돌리게 됐더란다.

다시

서귀포에서

그녀는 말했다.

"수술보다는 항암치료가 더 힘들었어. 거긴 전쟁터야. 그러니 맨몸으로 갈 순 없잖아. 총을 가지고 가야 한다고 생각했지."

항암치료를 받을 때 병원에서는 철저하게 금식을 권했지만, 빈속에 독한 항암제를 맞으면 마치 멀미하는 것처럼 힘이 없더란다. 그래서 그녀는 암세포와 싸워 이겨낼 수 있는 검정콩, 쥐눈이콩, 현미, 보리를 믹서에 죄다 넣고 들들 갈아서 한 통 가득 싸들고 서울에 올라갔더란다. 항암제 주사를 맞기 전에 그 많은 양을 수차례 들이붓듯이 마셔서 배를 든든히 채워놓고 항암치료를 받았더란다.

항암치료를 받는 동안 그녀는 병원 근처의 공원을 산책했는데, 나뭇잎에 새까맣게 내려앉은 매연을 보노라니 자신의 산소마저 다 빨아 먹는 것 같더란다. 서울에서는 죽을 것만 같아서 주사만 맞고 부리나케 내려오곤 했더란다.

전쟁 같은 5년이 흐르는 사이 그녀는 사십대에 들어섰고, 그 뒤로 다시 5년. 느닷없는 복병으로부터 불의의 일격을 맞은 지 10년이 흐르자 비로소 마음이 놓이더란다. 그때부터 그녀는 자신에게 건강을 되찾아준 음식과 황토찜질을 다른 사람들에게 널리 전파하고 싶어서 사업하면서 번 돈으로 사들였던 시내 변두리 땅에 대규모 찜질방과 음식점을 짓는 대역사를 시작했더란다. 주변에서는 '암에 걸리고 나서도 쉬지 않고 저렇게 큰일을 벌인다. 죽으려고 작정했나 보다'고 수군대더란다. 그래도 자기가 하고 싶은 일을 하는 게 몸에도 좋다, 흉보는 사람은 상대하지 말고 좋은 사람만 만나고 살자는 신조 아래 그냥 밀어붙였더란다.

결론은? 인간 승리다. 그녀는 척 보기에도 그 누구보다 건강해 보인다. 올레길을 내고 걷는 나보다도 더. 동트기도 전에 일어나는 그녀는 집 앞 마당에 심어놓은 상추, 무, 얼갈이배추, 파, 오이, 가지 등을 돌보고 솎아내고 따는 일로 하루를 시작한다. 이 모든 야채가 그녀의 식당에서 맛난 밑반찬으로 변신한다. 앞마당에 즐비한 장독 안에는 그녀가 직접 담근 간장, 된장, 각종 짠지와 소박이들이 그득하다.

예술가가 되고 싶었지만 가정형편으로 포기했던 그녀. 하지만 그녀의 타고난 예술감각은 요리에서 그 빛을 발한다. 제주 전통음식의 큰 줄기는 살리면서 자신만의 독창성과 상상력으로 제주 음식을 재해석하거나 아예 새로운 레시피를 창조해낸다. 송죽원은 입소문이 나면서 한국 손님은 물론 일본 손님, 중국 손님도 즐겨 찾는 제주도의 명소가 되었다. 암이라는 시련이 그녀를 요리연구가로 거듭나게 만든 걸 보면, 행운의 여신은 종종 악마의 형상을 하고 나타난다는 말이 맞는 것 같다. 그뿐인가. 이렇게 음식 잘하고 퍼주기 좋아하는 '밥집 아줌마'를 친구로 둔 걸 보면 내게 '재물 운은 없지만 먹을 복은 많다'고 한 광화문통 사주쟁이의 말이 맞는 것도 같다.

내 사랑, 숙주나물

숙주나물처럼 제대로 대접받지 못하는, 저평가된 나물이 또 있을까. 곡물로는 녹두가 콩보다 귀한 존재지만, 나물의 세계에서는 정반대다. 콩나물은 해장 속풀이국의 주재료로 사랑받을 뿐 아니라 한국인의 식탁에 가장 자주 오르는 '국민반찬'이다. 그뿐인가. 아귀찜이나 대구뽈찜 등 각종 찜에 없어서는 안 되는 부재료 대접을 받는다.

그러나 귀하디귀한 녹두는 나물이 되는 순간 '찬밥 신세'를 면치 못한다. 빨리 쉰다는 이유로, 지조를 지키지 않고 새로운 권력인 세조 편으로 돌아선 신숙주의 이름을 따서 '숙주나물'로 명명될 때부터 예고된 운명이랄까. 우리네 전통음식에서 숙주는 나물 외로는 별 쓰임새가 없다.

하지만 베트남 쌀국수나 중국의 각종 고급 요리에서 숙주는 화려한 조연으로 자주 등장한다. 육류의 느끼한 맛과 잡내를 잡아주는 한편, 시원한 국물 맛을 내는 숙주는 특히 고기 요리에서 없어서는 안 되는 부재료다.

서귀포 올레시장에서 장을 볼 때마다 두부와 더불어 빼놓지 않고 사들이는 식재료가 숙주나물이다. 냉장고에 넣어두었다가 라면을 끓일 때나, 먹다 남은 족발을 중국 요리로 재생시킬 때나 언제든지 불러낸다. 가장 즐기는 요리는 단순한 숙주나물볶음. 프라이팬에 기름(콩기름, 들기름, 올리브기름 중 뭐든지)을 두르고 숙주를 한 움큼 투하한 뒤 간장과 소금을 적당량 감으로 뿌려서(간장만 넣으면 시커메지고 소금만 넣으면 깊은 맛이 덜하니 둘 다) 순식간에 볶아낸다. 데친 나물과 달리 녹두의 향이 살아 있고, 사각사각 씹히는 식감이 일품이다.

다행히도 요즘 젊은이들을 상대로 퓨전 음식을 내놓는 레스토랑이나 주점에서는 숙주가 제법 다양하게 활용되는 추세다. 베트남이나 중국 요리의 영향을 받은 게 아닌가 싶다. 어쨌든 숙주나물의 재평가, 명예회복이 이뤄지는 것 같아서 반갑다.

게,

•

천상의 맛을

•

갑옷으로 숨기고

　　게. 해산물 중 이처럼 완벽한 식재료가 있을까. 낭만적 쾌락주의
자이자 태생적 자유인이었던 카사노바는 지상 최고의 맛으로 굴을 찬
미했다지만, 내게 그런 존재는 게다. 꽃게, 털게, 닭게, 대게…… 종류
불문하고 그들 종족은 한결같이 섬세하고 우아한 맛을 자랑한다. 갓
잡아서 찌거나 삶거나, 저장성을 고려해 게장을 담그나, 껍질째 갈아서
죽으로 만들거나 다 나름의 맛과 풍미가 있다.
　　그러나 우리나라 식당에서 가장 보편적인 메뉴인 '꽃게탕'은 게를

가장 맛없게 먹는 방식이 아닌가 싶다.(어디까지나 내 주관적인 판단이다) '……하면 국물도 없다'는 말이 있을 만큼 국물을 중시하는 게 우리 음식의 특징이라지만, 바다의 왕자인 게를 국물에 **빠뜨려** 먹는다는 건 게에 대한 예의가 아니지 싶다. 게가 온몸을 장시간 헌신한 결과로 국물은 구수하고도 시원할지 모르지만, 문제는 주인공인 게의 상태다.

탕에서 건져낸 꽃게의 외양은 잘 차려입은 정장 신사가 비에 흠뻑 젖어 스타일을 왕창 구긴 모습 같다. 게 껍질을 수고스럽게 까는 건 향그러운 살을 맛보기 위한 즐거운 통과의례다. 하지만 열 손가락을 다 적시면서 축축한 게 껍질을 까는 건 참으로 폼 안 나는 고역이다. 그나마 수고로운 노동 끝에 겨우 맛보게 되는 속살은 게 마니아들을 절망에 빠뜨리고야 만다. 냄비 안에서 온갖 잡탕 양념을 빨아들인 게는 정체성의 정수精髓인 싱그러운 바다 내음과 달착지근한 풍미와 존득한 탄력을 송두리째 상실하고 말았다.(국물을 위한 희생이다. ㅜㅜ)

꽃게탕집에 되도록 안 가지만, 어쩌다 끌려가 탕 속의 꽃게를 볼 때마다 꽃게가 자신이 죽는 방식을 스스로 택할 수 있다면 절대로 '탕'에는 동의하지 않을 거라고 상상한다.

다시

●

서귀포에서

'게 중의 게' 닭게, 이제는 맛볼 수 없는

제주에서는 아쉽게도 꽃게나 대게가 잡히지 않는다. 대신 '게 중의 게'인 닭게(제주에서는 크기가 큰 딱새우를 '닭게'라고 부른다)가 많이 잡혔던 곳이 제주도다. 깊은 바닷속 구중궁궐 산호초 사이에 몸을 숨기는 닭게는 예전부터 서민들은 접하기 힘든 귀한 몸이었지만, 지금은 닭게를 유난히 밝히는 일본인들 때문에 내국인은 친견조차 할 수 없는 존재가 되고 말았다. 대형 횟집의 수족관에서 드물게 닭게가 목격되지만, 입이 딱 벌어지는 가격이니 '그림의 떡'이다.

닭게의 존재를 처음 알게 된 건 초등학교 때였다. 당시 우리 가게는 제주도 최초의 특급호텔인 허니문하우스에 식재료를 납품하고 있었다. 서울에서 박정희 대통령이 내려올 양이면 며칠 전부터 우리 가게에 온갖 고급 식재료에 대한 총동원령이 떨어졌는데, 닭게도 그중 하나였다. 어머니는 알고 지내는 선장이나 수산물 가게를 통해 닭게를 수배해오는데, 그 풍모가 참으로 그럴싸해서 어린 마음에도 '아마 용궁에서 온 게 아닐까' 상상의 나래를 펴곤 했다.

고가 거래를 알선해준 데 따른 고마움의 표현이었을까. 호텔에 닭게를 납품한 날이면 우리에게도 맛볼 기회가 주어졌다.(물론 VVIP들이 먹는 것에 견주면 아주 작은 볼품없는 것이었지만) 조리법은 간단했다. 노란

꽃게, 털게, 닭게, 대게…… 종류 불문하고
이들 종족은 한결같이 섬세하고 우아한 맛을 자랑한다.
갓 잡아서 쩌거나, 게장을 담그거나, 껍질째 갈아 죽으로 만들거나
그 나름의 맛과 풍미가 살아 있다.

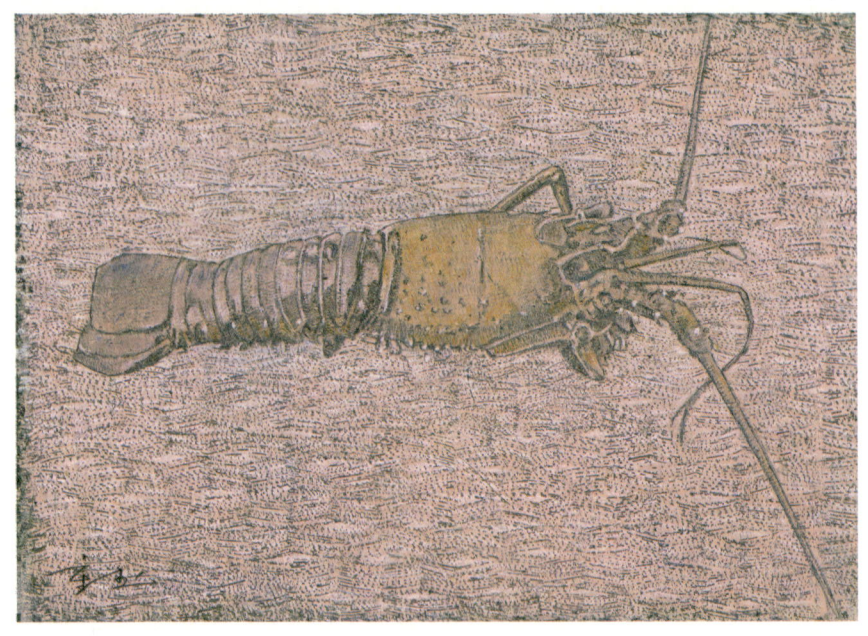

꽃게보다 달콤하고, 대게보다 섬세하고, 털게보다 담백한,
게 중의 게 맛. 세월이 흘러도 변함없는 닭게의 황홀한 맛은
어린 날의 서정적인 서귀포, 근심 걱정 없던 그 시절로 잠시 나를 데려다주었다.

알루미늄 들통 밑바닥에 물을 조금 붓고 그 위에 찜칸을 얹은 다음, 배를 위로 향하게 닭게를 올려놓으면 그만이었다. 먹는 법도 단순했다. 서양 레스토랑에서 대게를 먹을 때 동원되는 무슨 요상한 집게나 가위 등이 없어도 먹는 데에는 하등 지장이 없었다. 아버지의 두툼한 두 손이 가위였고, 우리의 극성스러운 손이 집게였으니. 아주 드물게는 어머니가 닭게죽을 끓여주었는데, 돌이켜보면 서양식 게살수프 맛과 흡사했다.

그 추억 속의 닭게를 다시 만난 건 10여 년 전이었다. 언론사에 근무할 무렵 제주 출장을 가서 중문단지 호텔에 하루 묵었는데, 돌아오는 날 아침 그냥 떠나기가 아쉬워 가까운 대포 포구로 산책을 나갔다. 아침 햇살을 받아 눈부시게 반짝이는 금물결을 가르면서 초소형 고깃배가 대포 포구에 막 도착해 닻을 내리고 있었다. 보아하니 노부부 둘이서 새벽같이 고기를 잡으러 나갔다 들어오는 모양이었다.

둘이서 갑판 위에 올려놓은 그물에서 생선 몇 마리를 건너편 아이스박스로 옮겨놓는데, 뭔가 이상한 물체가 시야에 딱 걸려들었다. 혹시, 닭게 아닌가? 아니, 닭게임이 분명했다. 그 위엄 있는 풍모, 회화적인 색채의 견고한 껍질, 날카로운 집게발! 들뜬 목소리로 물었더니 어부는 심드렁한 목소리로 "맞수다. 경헌디 육지 사람이 어떵 알암신고"

다시

*

서귀포에서

되묻는다. 서귀포 출신이고 어쩌고저쩌고 한참 설명을 한 뒤 내게 팔아달라고 흥정을 걸었다. 주머니 사정도, 서울로 가져갈 걱정도 뒷전이었다. 내게 닭게는 단순한 먹을거리가 아닌, 아버지와의 추억이었다. 게다가 이 아침에 동네 어부가 갓 잡은 닭게를 사는 행운을 아무나 누릴 수 있단 말인가.

어부는 닭게가 씨가 말라서 좀체 안 잡히는데 모처럼 그물에 걸려든 거라면서 2만 원만 내란다. 이 귀한 물건이 2만 원이라니, 참으로 순박한 가격 제시였다. 어부의 맘이 변할까봐 서둘러서 돈을 드리고, 커다란 비닐봉지에다 닭게를 일단 집어넣었다. 호텔로 돌아오는 택시 안에서 닭게의 완강한 집게발을 제압하느라 절절매면서 그제야 서울로 공수해가는 문제를 떠올렸다.

다행히도 호텔 근무자 중에 아는 사람이 있어 포장해달라고 부탁했더니 닭게를 어디서 구했냐며 신기해했다. 그는 어디선가 아이스박스와 톱밥을 구해오더니, 그 안에 닭게를 편안하게 형체 그대로 정중하게 모셨다. 집에 갈 때까지는 살아 있을 거라고, 제맛을 즐기려면 오늘 안에 먹으라고 신신당부하는 그에게 고개를 몇 번이나 조아렸다. 서울로 돌아오는 동안 비행기 화물칸에서 발버둥치고 있을 닭게를 생각하니, 맛난 것을 향한 내 식탐이 한심하게 여겨졌지만, 그도 잠시. 닭게

맛은 그대로일까, 궁금증과 기대감이 그 자리를 대신했다.

그날 저녁, 어릴 적 아버지의 방식대로 닭게를 찜통에 쪘다. 닭게가 쪄지는 동안 레몬을 뿌린 간장 소스를 준비하고, 공항에서 산 화이트와인을 급한 대로 냉동실에 넣어 차갑게 해놓았다. 마치 엄숙한 미사를 집전하는 사제 같은 경건함으로.

세월이 많이 흘렀고, 서울 상경 후 숱한 음식을 맛보았지만, 닭게는 여전히 황홀한 지존의 맛이었다. 꽃게보다 달콤하고, 대게보다 섬세하고, 털게보다 담백한, 게 중의 게 맛. 그 맛은 어린 날의 서정적인 서귀포, 근심 걱정 없던 그 시절로 잠시 나를 데려다주었다.

이중섭, 이왈종 두 화백의 입맛을 사로잡은 제주도 겡이

제주 바다에서 닭게가 귀족의 게라면, 겡이는 서민의 게였다. 닭게가 견고한 껍질로 가장 부드럽고 민감한 속살을 보호한 탓에 살은 맛있으나 껍질은 버려야 했다면, 겡이는 체구가 작아 속살은 먹잘 게 없지만 껍질째 먹을 수 있다는 장점이 있다. 닭게가 먼 바다 심해 속에서 어부의 그물을 피해 다닌다면, 겡이는 제주도 어느 바닷가 마을 어느 바위틈을 뒤져도 손쉽게 발견할 수 있었다. 그러니 제주 사람들은 이 겡이를 잡아 삶아먹기도 하고, 절구에 탕탕 빻아 겡이죽을 끓이기도 하고, 탕이나 찌개 국물 맛을 내는 데 쓰기도 했다.

6·25전쟁 중에 서귀포로 피난 와서 1년여 머물렀던 '천재 화가' 이중섭의 일가족을 먹여 살린 것도 서귀포 자구리 앞바당에 지천으로 널린 겡이였다. 지역민의 호의로 초가집 한 칸에 얹혀 지내면서 그는 화구와 물감을 살 돈이 없어 은박지에 그림을 그렸다. 가난한 네 식구는 늘 끼니를 걱정해야 했지만, 겡이만큼은 몸만 놀리면 얼마든지 구할 수 있었던 것이다. 이북 남자답게 체구는 컸지만 마음만은 박속처럼 여렸던 그는 식구들의 허기를 채워준 겡이들에게 미안해서 그림의 소재로 등장시켜 그들을 위로했다. 그림 속 아이들과 겡이는 하늘과 바다를 공유하며 깔깔거리는 천진난만한 동무들 같다.

제주가 좋아서, 그림이나 실컷 그리려고 남들이 부러워하는 대학교수직을 마흔다섯 살에 때려치우고 서귀포로 내려온 이왈종 화백도 게 마니아다. 5년만 살아보겠다던 서귀포살이를 햇수로 20년 넘게 하고 있는 그는 낙관도 아예 '서귀포 왈종'으로 찍을 만큼 서귀포를 사랑하는 화가다. 그런 그와 식사를 하면서 화제가 자연스레 게 이야기로 흘렀다. 본인은 겡이를 상식常食한다는 게 아닌가.

그의 겡이잡이 방식은 독특했다. 재래시장에 가서 버리는 생선 내장을 얻어다가 양파망에 넣어 커다란 양은주전자에 집어넣고 빈 공간을 잔돌로 가득 채운 뒤, 무릎 높이의 바닷물에 주전자를 내려놓는단다. 그러고는 몇 시간이 지나 주전자를 꺼내보면 내장 냄새에 홀려든 갱이가 한가득이란다. 그걸 믹서에 들들 갈아 가루를 내두었다가 우유에 섞어 음료로 마시거나 온갖 종류의 국과 찌개에 조미료로 쓰는데, 다시마나 미원보다 훨씬 윗길의 깊은 감칠맛을 낸단다.

올레 4코스 해비치호텔 근처 동하동 해녀의 집 주 메뉴는 갱이를 갈아 쌀과 함께 쑨 '갱이죽'이다. 해녀들은 갱이를 믹서에 갈지 않고 수고스럽게 돌절구에 빻는다. 그들에게 물었다. 믹서에 갈면 수월할 텐데 왜 절구에 빻느냐고.

"경해사 더 코시롱허곡 씹는 맛도 있주(그래야 더 고소하고 씹는 맛도 있어요)."

아하, 이곳 갱이죽을 먹으러 먼 길을 마다 않고 손님들이 모여드는 데에는 다 그만한 이유가 있다.

자연을 먼저 생각하는 사람들

게를 무지막지하게 좋아하지만 양껏 먹어본 적은 별로 없다. 주머니 사정에 견주어 워낙 비싸기 때문이다. 그런 게를 원 없이 먹어본 건 2012년 6월 밴쿠버 아일랜드에서였다. 게를 만나러 가는 여정은 멀고도 길었지만, 충분히 그럴 만한 가치가 있었다. 밴쿠버에서 초대형 유람선으로 두 시간여 만에 밴쿠버 아일랜드의 빅토리아 항에 도착하고도, 다시 북쪽으로 네 시간 반을 자동차로 달렸다. 그곳 항구에서 다시 조그마한 낚싯배를 타고 15분. 밴쿠버 한인회 채승기 노인회장이 놀러왔다가 이곳 풍광에 필이 꽂혀 단숨에 이주하기로 결심했다는 말에 절로 고개가 끄덕여진다.

채 회장의 리조트로 가는 도중 바닷속에 통발을 넣어두었다. 미끼는 생닭 덩어리. 철망에 생닭을 넣어두면 그 미끼를 먹으러 게들이 들어왔다가 갇히고 만다는 것이다.

두 시간 만에 다시 바다로 나갔다. 실망하지 않기 위해 미리 큰 기대를 하지 않았다. 웬걸, 통발 세 군데 중 두 개에 게가 그득했다. 한 군데에는 무지막지하게 큰 불가사리뿐이었는데, 불가사리가 먼저 통발을 차지하면 게가 접근하지 않는단다. 통발 두 군데에 갇힌 게는 죄다 우리나라 꽃게보다 서너 배는 커 보였다. 채 회장은 눈짐작으로 작은 게는 가차 없이 바다로 돌려보냈고, 미심쩍으면 플라스틱 자로 사이즈를 잰 뒤 방생했다. 암게는 가차 없이 바다행. 알이 그득한 암게 게딱지에 밥을 비벼 먹는 한국인으로서는 참으로 낯선 광경이었다. 더구나 이곳은 지켜보는 이웃도, 단속의 눈길도 없는 외딴 바다 아닌가.

바다는 넓고 인구는 적은 캐나다. 그런데도 그들은 철저한 규정을 자발적으로 지키면서 바다의 자원을 지켜낸다. 무작정 잡아들이는 어업이 아닌, 기르는 데 역점을 두는 어업인 것이다. 더 놀라운 건 철망을 묶는 실은 반드시 면실이어야 하고, 이를 어길 경우 벌금을 물어야 한단다. 사람이 걷어가지 않거나 풍랑 등을 만날 경우에도 면실은 사흘이면 절로 풀리기 때문에 게가 살아나갈 수 있도록 하기 위해서다.

우리 일행은 불행하게 수컷으로 태어난데다 몸집이 지나치게 커버린 녀석들을 원도 한도 없이 포식했다. 쪄서도 먹고 탕으로도 먹고. 내가 가장 선전했지만 두 마리도 채 먹지 못했다. 난생처음 이민을 진지하게 생각해본(!) 밴쿠버 아일랜드에서의 저녁식사였다.

다시

*

서귀포에서

재래시장은

내 미각의 원천,

맛의 보물창고

　　재래시장통에서 나고 자라나서일까. 대형 슈퍼마켓이나 창고형 마트는 영 내 체질이 아니다. 매장이 너무 넓어서 원하는 물건을 찾으려면 여간 발품을 팔아야 하는 게 아니다. 자연에서는 온종일 걸어도 피곤을 모르는 체질이지만, 수백 가지 물건으로 가득 찬 매장은 30분만 돌아다녀도 짜증이 밀려온다. 겨우 찾아낸 식재료는 형광불빛이 내리쬐는 냉장 케이스 안에서 차가운 표정으로 날 맞이한다. 말없는 그들을 말없이 집어들고 계산대에 말없이 내려놓고, "봉투 필요하세요?"

라는 질문에 대답하고 셈을 치르면 그뿐.

반면 재래시장에서 돌아다니는 일은 즐거운 소풍길 같다. 언제, 어느 모퉁이, 어느 아주머니의 다라이에서 보물을 건지게 될지 몰라 두리번거리게 된다. 아주머니들이 들고 온 식재료는 햇빛 아래서 눈속임 없는 자연 그대로의 때깔로 나를 맞이한다. 농담을 섞은 약간의 흥정이 끝나고 나서도 아주머니들은 정량 그대로 주는 법이 없다. 물건에 따라 한두 개씩, 어떤 것은 한두 주먹씩 더 얹어주는 게 시장 인심이다. 조리법을 잘 몰라서, 다른 조리법을 알고 싶어서 한마디 던지면 자세하게 레시피를 일러주니, 먹을거리 사기엔 단연 재래시장이 최고다.

여러 삶이 북적대는 그곳에 가면

올레길을 내기 위해 고향 서귀포로 돌아온 이후, 어머니의 오랜 생활터전이던 서귀포 재래시장은 나의 하루 쇼핑 공간이 되었다. 시장에 가면 늘 그날 잡힌 싱싱한 해산물, 인근의 할망들이 자기네 우영팟(텃밭)에서 기른 신선한 채소, 그날 만들어낸 콩 내음이 고소한 두부, 한라산에서 재배한 버섯 따위가 넘쳐났다. 싱싱도 하거니와 가격도 주변의 대형 마트보다 훨씬 쌌다.

더 좋은 건 어릴 적 먹어보긴 했지만 만드는 법은 알지 못하는 제

나에게 재래시장은
즐거운 소풍길 같다.
언제, 어느 모퉁이에서
보물을 건지게 될지
모르기 때문이다.
농담을 섞은 흥정이 끝나고 나서도
아주머니들은 정량보다 더 얹어주는
'덤'의 미덕을 발휘한다.

주 전통음식 레시피를 물어볼 수 있다는 것. 한 아주망이 몰망 무치는 법을 알려주면, 옆 좌판의 아주망은 "그추룩 말앙, 요추룩 하면 더 맛 있주게(그렇게 말고 요렇게 해야 더 맛있다)" 참견하고 나선다. 생미역을 데칠 땐 뚜껑을 덮지 않아야 파란색이 살아난다는 것도 그네들로부터 들었다. 시장 아줌마들이 간이밥상을 펴놓고 둘러앉아 먹을 때면 주책맞게 불쑥 끼어들고 싶은 유혹을 느끼는 곳, 그곳이 재래시장이다.

그런 서귀포 재래시장이 이름도 생뚱맞은 '아케이드 상가'에서 '매일올레시장'으로 개명한 것은 2010년 5월. 올레꾼들이 대거 몰려들면서 나날이 쇠락하던 시장이 활기 있게 되살아나자 시장 상가번영회가 자발적으로 개명을 결의한 것이다. 이름을 바꾼 뒤부터 올레꾼의 발길이 더 잦아져서, 계절에 상관없이 초저녁 무렵이면 등산화를 신은 고객들로 발 디딜 틈이 없을 정도가 되었다. 전국 각지에서 몰려든 올레꾼들은 이곳 올레시장에서 싱싱한 활어회를 떠가고, 한라봉과 표고버섯과 옥도미 따위를 택배로 주문한다.

2007년 여름 고향에 다시 돌아왔을 때만 해도 시장은 예전의 활기를 잃고 한산하기 짝이 없었다. '그 많던 손님들은 다 어디로 갔을까' 탄식이 절로 흘러나왔던 6년 전만 해도 저녁 6시만 넘으면 슬슬 물건 들여놓을 채비를 서둘렀지만 요즘은 8시가 넘어서도 장이 한창이다.

저녁 반찬거리를 사러 나가면 다른 이들과 어깨를 부딪힐 지경이지만, 그 북적거림이 싫기는커녕 뿌듯하기만 하다. 정서적 근원이자 젖줄인 재래시장에 나름 기여한 것 같아서.

엊그제도 시장에 들렀다가 생선을 파는 초등학교 동창 미자가 맘에 걸려 돌아보니, 아니나 다를까 딱 눈이 마주쳤다. 마침 좌판에서 펄떡거리는 빨간색 돔이 눈에 들어온다. 미역국 끓이면 옥도미보다 더 맛있다는 말에 귀가 솔깃해진다. 미자는 능숙한 솜씨로 순식간에 생선을 토막 내더니 비닐봉지를 싸서 들려주면서, 다른 봉지에는 냉큼 고등어 두 마리를 집어넣는다.

"이건 그냥 가져강 조림행 먹으라게. 잘도 싱싱한 거여."

저녁 식단은 간단한 파스타 대신 만들기가 훨씬 번거로운 미역국과 생선조림으로 바뀌고 말았다. 그러나 시장에서 돌아오는 발걸음은 늘 가볍고, 저녁식사에 대한 기대감으로 항상 즐겁다.

치유의 음식,
힐링푸드

산티아고 길을 걷는 동안 도시에서의 오랜 직장 생활로 피폐해진 몸과 마음이 치유되는 걸 절감한 나는 제주올레를 내면서 '치유의 길'이 되기를 소망했다. 길을 통해 처방전도, 약도, 수술도, 의사도, 간호사도 없이 자신의 두 발로 자신을 치유할 수 있게 되기를. 길을 통해 서로 만나고, 소통하고, 화해하고, 용서하고, 사랑하게 되기를.

길이 치유, 소통, 화해, 용서, 사랑으로 이르는 하나의 통로라면 음식 또한 그러하다. 영화 〈바베트의 만찬〉처럼 그 지점을 명확하게 보여주는 영화가 달리 있을까. 덴마크 작가 이자크 디네센의 동명 소설을 역시 같은 덴마크 출신 감독인 가브리엘 엑셀이 영화화한 이 작품은 음식에 바치는 최고의 헌사다.

북풍이 휘몰아치는 덴마크 땅끝 바닷가 작은 마을에 사는 아름다운 자매가 있었다. 엄격하고 보수적인 개신교 목사인 아버지의 영향을 받아 사랑마저 물리친 채 신앙과 봉사를 천직으로 여기며 살아가는. 어느 날 한 여자가 프랑스에서 가수로 성공한 자매(중 한 명)의 옛 애인이 써준 소개장을 들고 그들을 찾아온다. 그녀의 이름은 바베트. 바베트의 뛰어난 음식 솜씨와 야무진 살림살이에 자매의 살림살이는 펴지고 그럴수록 자매는 마을을 위해 헌신하지만 마을 주민들 사이에 반목만 커지고 다툼은 깊어만 간다.

그럴 즈음 바베트는 무려 1만 프랑짜리 복권에 당첨되고, 그녀는 자매에게 돌아가신 아버지의 100번째 생일에 마을 사람들을 불러 모으면 자신이 만찬을 베풀겠노라고 제안한다. 자매는 곧 이곳을 떠날 바베트의 마지막 선물이라고 예감하면서 그 제안을 받아들인다.

마침내 그날이 다가오고 바베트가 파리에 주문한 음식 재료와 집기가 속속 배에서 부려져 초라한 부엌으로 옮겨진다. 카메라는 그 장면을 지루할 정도로 느릿느릿 뒤쫓는다. 번쩍이는 은식기, 화려한 문양의 도자기 접시, 산 메추라기, 바다거북, 자매가 듣도 보도 못한 열대과일에 한 번도 맛보지 못한 프랑스산 고급 와인에 이르기까지.

이런 사치스러운 음식을 먹으면 하나님의 벌을 받아 지옥불에 떨어질 거라고 걱정한 자매는 시험에 들게 한 자신들을 원망하는 한편, 이웃에게 용서를 구한다. 자매와 이웃들은 식사 도중 음식과 음료에 대해 한마디도 하지 않겠노라고 굳게 맹서한다. 그러는 사이에 카메라는 바베트가 침착한 열정에 휩싸여 재료를 공들여 손질하고, 화덕에 집어넣고, 프라이팬에 튀기고, 냄비에 휘젓는 조리 과정 전반과 테이블 세팅 장면을 꼼꼼히 따라붙는다.

마침내 만찬은 시작되고, 테이블에 앉은 열두 사람은 단호한 결심으로 무장한 채 딱딱하게 굳은 표정으로 만찬에 임한다. 그러나 한 가지씩 음식이 나올 때마다 그들의 콧구멍은 벌렁거리고, 입술은 헤벌어지고, 마침내는 절로 미소를 짓는다. 급기야 와인을 마시면서 하나둘 서로의 이야기를 풀어내고, 해묵은 증오를 터뜨리고, 이윽고는 화해에 이른다.

파리 시내에서도 손꼽히는 초일류 레스토랑의 요리사였지만, 프랑스 혁명 와중에 가족을 다 잃고 이국의 땅끝 마을에 흘러들어온 바베트. 그녀는 이날 단 한 끼의 만찬을 위해 복권 당첨금 1만 프랑을 몽

땅 쏟아부은 것이다. 금욕적인 사고방식 때문에 지옥불에 떨어질 것을 염려했던 자매 중 한 여자가 마침내 인정하고야 만다.

"당신의 예술은 하늘의 천사를 기쁘게 할 거예요."

그렇다. 음식은 만드는 이에게는 예술이요, 먹는 이에게는 지상에서 누리는 천상의 기쁨이다.

십자매의 바베트, 한의사 이유명호

그러나 '바베트의 만찬'은 프랑스식 정찬으로만 가능한 건 아니다. 서울에서의 마지막 몇 년 동안 나는 죽이 잘 맞는 여자들 '십자매'와 어울렸고, 우리 십자매들 가운데에는 바베트 역할을 하는 여자가 있어서 다들 행복한 한 시절을 보냈다. 〈몸을 살리는 다이어트 여행〉, 〈나의 살던 고향은 꽃피는 자궁〉 등을 펴낸 꽁지머리 한의사 이유명호가 바로 그녀다.

인간의 아픈 몸과 치유가 주 관심사인 그녀는 자연히 몸을 살리는 음식에 관심이 많았다. 게다가 그녀 자신이 먹는 걸 무척이나 좋아했고, 맛난 걸 지나치게 밝히는 집안 내력과 본능적인 식탐 때문에 조금은 괴로워했고, 그러다 보니 몸에 좋은 음식을 적당히 먹는 방법을 끊임없이 탐구하고자 노력했다. 좋은 밥집을 찾아내서 세상에 전파하고 그 집에 데려가 그 음식을 먹이지 못해 안달했다.

때로는 바베트처럼 직접 오찬이나 만찬 자리를 주선하기도 했다. 자신의 한의원 근처에 연구실로 얻어둔 작은 오피스텔은 주로 그런 장소로 쓰였다. 그 오피스텔은 우리에게 '마포옥'으로 통했다. 명호 언니는 아는 여자 중 누군가가 자식이나 남편, 연인, 직장, 진로 문제로 심하게 마음앓이를 한다 싶으면 그런 자리를 어떻게 해서라도 마련했다.

모월 모일 모시에 '마포옥'으로 모이자고 통보해놓고 언니는 그때마다 다른 지령을 내리곤 했다. "내가 음식은 다 장만할 테니 너희는 몸만 와라" 할 때도 있고, 참석자들에게 이것저것을 사오라고 할 때도 있었다.

그녀가 장만한 음식은 좋은 재료만 쓴다는 단골집에서 사들고 온 정갈한 수제 만두이기도, 단골 백반집 아주머니가 싸준 게장이기도, 본인이 아침부터 서둘러 준비한 초간단 안주용 야채샐러드이기도, 거품을 물면서 칭찬하는 단골 김밥집 계란말이 김밥이기도 했다. 그 모든 것의 조합으로 거창한 풀코스 만찬을 차린 경우도 더러 있었다. 자기가 바쁠 때는 양곰탕과 매운 낙지볶음이 주특기인 유시춘 언니를 셰프로 징발하기도 했다.

한번은 십자매의 막내격인 유지나(영화평론가·동국대 교수)가 언니들을 위해 특별히 냉면을 대접하겠노라면서 우리를 자기 아파트로 초대했다. 평소 '공주'로 놀림 받던 그녀인지라 당연히 배달음식을 시키는 줄 알았는데, 웬걸 그녀는 질 좋은 한우 양지머리를 열두 시간이나 폭폭 끓인 뒤 식혀서 체에 거른 진짜 '평양식' 육수로 평양냉면을 만들어 내놓았다. 어머니가 평양 여자라서 냉면에 깊은 애정과 열정을 가진 그녀는 어머니처럼 면도 직접 만들고 싶었지만 그러지 못해서 아쉽다고 못내 안타까워했지만, 우리 모두는 지나의 냉면에 열광했다.

그런 음식과 술을 먹고 마시면서 그날 만찬 소집의 계기를 제공한 당사자는 자신의 고민을 털어놓고, 가슴을 쥐어뜯고, 가끔은 엉엉 울기도 했다. 다른 여자들은 비슷한 경험을 꺼내놓으면서 다독이고, 위로하고, 함께 분노하고, 같이 울어주었다. 그러다가 집으로 돌아갈 무렵에는 훨씬 가벼워진 기분으로 언제 그랬냐는 듯 깔깔거리면서 헤어지곤 했다.

더러는 즐거운 일로 소집되기도, 장소가 야외로 확장되는 경우도 있었다. 강화도 화전놀이는 해마다 거르지 않고 했던 것 같다. 강화도 명호 언니네 농가주택 마당에서 휴대용 가스버너에 프라이팬을 올려놓고 뒷산에서 딴 진달래로 화전을 부치면서 니가 만든 게 예쁘네, 내가 만든 게 더 예쁘네 하면서 깔깔대면서 우리는 여러 번 봄을 맞이했다.

다시

•

몸과 마음이 지칠 대로 지친 도시 생활과 기자 생활의 끝자락에서 그녀가 주선한 자리에서 큰 위로를 받았다. 25년 기자질을 끝내고 사표를 쓰겠노라고, 꿈꾸던 산티아고 길을 떠나겠노라고, 고향 제주로 내려가 길을 내겠노라고 말한 것도 다 그 자리에서였다.

2007년 고향 제주로 돌아온 뒤로는 그녀의 만찬에 제대로 참석하지 못한다. 그녀가 가끔 전화를 걸어, 네가 서울에 없으니 참 허전하다, 예전처럼 우리도 자주 못 모인다, 이번엔 무리해서라도 꼭 좀 올라와라, 징징거린다. 그때마다 부응하진 못하지만 대신 이제는 내가 서귀포 여자들을 위해 가끔 집에서 소박한 만찬을 차린다. 예전에 그녀가 그랬듯이.